2017年 대한민국 명강사 22人

명강사의 사명(使命)

편저 : 사단법인 국민성공시대

도서출판 성공시대

2017年 대한민국 명강사 22人

명강사의 사명(使命)

편저 : 사단법인 국민성공시대

감창연	강나경	공명숙	권인아	김남희
김문식	김용진	김초아	김혜경	박미진
배용관	서재균	송춘의	양은모	이동기
이미현	이상헌	장원석	정다겸	정상근
정쾌남	한한국			

도서출판 **성공시대**

머 리 말

꿈과 희망과 성공을 심어 주기 위하여 각 분야에서 활동하시는 모든 분께 감사 말씀드립니다.

2017年 대한민국 명강사 22人의 [명강사의 사명(使命)]은 이 시대가 요구하는 사명을 주제로 자신의 강의를 진솔하게 저술하여 많은 이들에게 비전과 성공에 대해 다시 한 번 생각할 수 있는 계기를 마련해줄 것으로 생각합니다.

저희 사단법인 국민성공시대(지식경제부 제2008-42호)는 대한민국이 세계 일류 국가로 진입하기 위하여 꼭 필요한 성공한 사람들의 경험과 노하우를 찾아내어 널리 알리고 있습니다.

그리고 이분들의 경험과 산지식을 산업체 및 국민들에게 전파하여 경쟁력을 높이고 국민 모두가 행복하고 성공하도록 하는 데 일조하고자 합니다.

성공한 사람들의 경험과 지식을 DB화하여 온·오프라인 홍보와 지식 리더의 경험과 노하우 콘텐츠를 개발하는 일과 각 분야의 전문가를 초청하여 노하우를 습득하는 성공아카데미 사업 등을 하고 있습니다. 그 연장 선상으로 각 분야에서 성공하신 명강사 22인을 선정하여 본 저서를 발간하게 된 것입니다.

2017년 대한민국 명강사 22人의 [명강사의 사명(使命)]을 발행하기 위하여 추천제를 도입하였고, 선별에 많은 고심과 자료 찾기 등 수많은 수고와 노력을 하였습니다.

또한 선별에는 성별 고려, 분야 고려, 지역 안배, 연령 고려 등을 감안하였습니다. 나름대로 앞서 가시는 명강사님들이 배제되었을 수도 있음을 인정하면서 차후 제작 시 고려하여 반영하도록 하겠습니다.

본 법인의 취지와 사업에 공감하고 본 법인의 사업내용을 이해하시는 명강사님들의 적극적인 참여로 책이 나오게 됨을 감사드리며, 다 함께 행복하고 성공하는 국민성공시대를 만들기 위해 최선을 다하겠습니다. 감사합니다.

2017년 6월

사단법인 **국민성공시대**
사무총장 윤 현

목 차

4 머리말 윤 현 사무총장

6 목 차

9 꿈을 이루고 싶다면 지금 하는 일에 성공해야 한다. 감창연 교수

19 명강사의 역할과 자질 강나경 대표

29 명강사를 구분하는 기준은 무엇인가? 공명숙 교수

39 동기(motivation)의 마법 권인아 대표

49 행복을 위한 제언 "몰입" 김남희 대표

59 4차산업혁명과 SW코딩 김문식 박사

69 나의 사명서 김용진 회장

79 Trendsetter 김초아 대표

89 인생에서 가장 행복한 '지금' 집중하라. 김혜경 회장

99 성장을 위한 가르침 '사명' 박미진 대표

109 코칭, 긍정적인 변화와 성장 에너지를 끌어내는 리더십 배용관 코치

119 강사(講師)의 사명(使命) 서재균 원장

129 가슴 뛰는 업(業)의 '사명(使命)' 송춘의 부소장

139 건강~물과 수소가 생명이다! 양은모 소장

149 낙천적 생각·낙관적 시각 이동기 부회장

159 가치 있는 지식을 파는 사람들의 사명감 이미현 회장

169 독서 119 이상헌 회장

179 개헌활동은 주권자로서의 사명 장원석 상임대표

189 배움과 비움 정다겸 소장

199 안전은 사랑입니다. 정상근 소장

209 사람을 사랑하는 기본적인 사명감 정쾌남 대표이사

219 명강사의 비전 한한국 세계평화작가

2017年 대한민국 명강사 22人

명강사의 사명[使命]

꿈을 이루고 싶다면
지금 하는 일에 성공해야 한다.

감창연 교수

Profile

- 국립 한밭대학교 겸임교수
- 한국HLC 힐링/리더십아카데미 원장
- 리더십/변화혁신 연구위원/기업체면접위원
- KT ABC혁신학교힐링센터(Innovation & Healing Center)
- 개인/조직 코칭/협상리더십/Followership전공
- APEC HRD TEL GROUP Meeting 한국측대표 역임
- 미국 Atlantic International University 경영학박사(Ph.D)

꿈을 이루고 싶다면
지금 하는 일에 성공해야 한다.

국립 한밭대학교 겸임교수 **감 창 연**

'3층집을 지으려면 1층부터 지어야 한다'는 말은 모든 일에는 순서가 있고 기반 공사가 잘 되어야 다음 층이 안전하게 올라간다는 뜻이다. 하나하나씩 혼을 담아 지금 하고 있는 일에 집중해야 다음 일도 이루어지는 법이다.

많은 학생과 직장인들이 꿈과 비전을 갖고 목표 달성을 위해 여러 가지 계획을 세워보지만 결과는 원하는 만큼 얻지 못하는 경우가 많다. 왜 일까? 꿈은 원대하게 꾸되 성공하기 까지는 '방편의 사다리'를 사용할 줄 알아야하는데 대부분 그 사다리를 무시하고 바로 꼭대기까지 올라가려 하기 때문이다.

성공하려면 현장 경험이 중요하다고 말하면서도 막상 조직이나 기업에 들어가면 현장 경험의 기회보다는 바로 본사나 본부 근무를 선호하는 것도 같은 맥락일 것이다.

직장인들 중에는 "내가 이런 단순한 일이나 하려고 입사한 줄 아느냐"고 생각하며 현재 자신의 업무를 소홀히 하는 사람들이 있다. 이것이 바로 실패하는 직장인의 전형적인 모습이다. 그러나 목표와 꿈을 말하기 전에 현재의 주어진 일과 업무에 충실했던 사람들이 결국엔 성공하고 존경받는 인물로 남는다. 지금 하고 있는 현재의 '작은 일'에 열중하고 열심히 해야 다른 일에서도 성공할 수 있다는 것을 알 수 있는 몇 가지 사례가 있다.

'작은 일'의 첫 번째 의미는 허드렛일과 같은 하찮게 보이는 일을 말한다.

콜린 파월은 흑인 최초로 미국의 합참의장이 되고 국무장관을 역임했던 사람이다.

그의 자서전에는 그가 작은 일에 어떤 자세로 임했는지를 보여주는 일화가 소개되어 있다. 대학시절 돈을 벌어야했던 파월은 펩시콜라 공장에서

청소부를 구한다는 광고를 보게 되었다. 당시에도 청소부는 모두가 꺼리는 일이었지만 그는 기꺼이 그 일에 지원을 했고, 청소부가 아닌 경영인의 마음 자세로 그 일을 했다. 청소부의 역할을 성심껏 수행하자 얼마 후 그는 바닥 청소부를 벗어나 음료 주입기 운영을 맡게 되었고, 1년 후에는 음료 주입팀의 책임자가 되었다.

버락 오바마 전 미국 대통령의 첫 '직장'은 아이스크림 전문점인 베스킨라빈스였다.

그는 손님들에게 아이스크림을 팔고 테이블을 치우며 생활비를 벌었다. 컬럼비아 대학을 다니던 시절에는 여름 한철 막노동을 하기도 했고, 페인트공, 레스토랑 웨이터 등 최저임금의 직장 네 곳을 다니며 일을 했다. 그 때의 일을 소홀히 한 사람이라면 오늘의 오바마는 존재하지 않았을 것이다.

또 하나의 사례를 보자.

"나는 사업상 수많은 아르바이트 학생들을 써봤다. 이중에는 '나는 나중에 유명한 디자이너가 될 거야', '공인회계사가 될 거야'라고 하면서 '이까짓 아르바이트는 용돈벌이니까 대충 시간만 때우다 가자' 하는 자세로 건성건성 일하는 학생들이 많았다. 그러나 나는 지금까지 그들 중에서 단 한명의 디자이너나 공인회계사가 나오는 것을 보지 못했다. 왜냐하면 아르바이트로 접시 닦는 일을 하더라도 최선을 다하는 사람이라야 본업에 돌아가서도 성공하기 때문이다." 한국 피자헛의 성신제 사장의 말이다. 이와 비슷한 말을 한 사람이 또 있다.

"나는 커피 한 잔 한 잔에 나의 마음을 쏟아 부은 것이 내가 성공한 원인이라고 생각한다. 만일 당신도 지금 하고 있는 일에 마음을 쏟아 붓는다면, 사람들이 불가능하다고 생각하는 꿈을 실현 할 수 있을 것이다." 이는 스타벅스를 창업하여 성공신화를 만들어낸 하워드 슐츠의 말이다.

안양의 한 새마을금고 소장을 맡고 있는 한원태씨는 '600억 원'의 사나이로 불린다.

중학교 졸업이 학력의 전부인 그는 처음 청원경찰로 은행에 취직하였다. 비록 청원경찰이지만 그는 창구 입구에서 근무하는 자신이 '은행의 얼굴'이라고 생각하였다. 당연히 고객에게 친절하게 인사하였고, 은행 업무가 익숙하지 않은 고객은 정성스럽게 도와주고 상담해 주었다. 자사 상품의 내용을 속속들이 공부하고 이를 바탕으로 고객의 필요에 맞게 상담해 주는 것은 물론, 퇴근 후에도 자발적으로 주변 음식점을 들면서 환전서비스까지 해주었다. 이런 그의 자세는 결국 '청원경찰이 600억 원의 예금을 유치'하는 이변을 만들어 내기에 이른다. 그는 IMF때 정리해고 되기는 커녕 새마을 금고 소장으로 전격 스카우트 되었다.

명강사 감창연

　미국에서도 1950년대 초에는 아르바이트를 구하기가 쉽지 않았다고 한다. 하지만 돈을 벌어야할 입장에 있는 콜린은 펩시콜라 공장에서 청소부를 구한다는 소식을 듣고, 다들 꺼리는 일에 기꺼이 지원을 했다. 그는 공장 바닥 청소부로서 성심성의껏 일했으며, 얼마 후 바닥 청소부를 벗어나 음료팀의 팀장이 되었다.

　이런 경험을 통해 얻은 교훈을 콜린은 자서전에서 이렇게 말하고 있다. "모든 일은 나름대로의 가치가 있다. 어떤 일에서나 최선을 다하라. 누군가 나를 지켜보고 있다는 사실을 명심하라." 이 사람이 흑인 최초로 미국의 합참의장이 되고 국무장관이 되었던 콜린 파월이다.

　대우중공업에서 사환으로 입사하여 명장까지 되었던 김규환씨는 경우는 더욱 감동적이다.

　"저는 초등학교도 다니지 못하고 25년 전에 대우중공업에 사환으로 들어가 마당 쓸고 물 나르며 회사 생활을 시작했습니다. 이런 제가 훈장 2개, 대통령 표창 4번, 발명 특허 대상, 장영실 상을 5번 받았고, 1992년 초정밀가공분야에서 기술인의 최고봉인 명장으로 추대되었습니다. 사환으로 입사한 저는 매일 아침 5시에 출근했습니다. 하루는 사장님이 왜 일찍 나오느냐고 물으셨습니다. 선배들을

꿈을 이루고 싶다면 지금 하는 일에 성공해야 한다. 15

위해 미리 나와 기계 워밍업을 한다고 했더니 다음 날 정식 기능공으로 승진되었으며, 6개월이 지나니까 호칭이 '야, 이새끼야'에서 '김군'으로 바뀌었습니다.

저는 그 동안 제안 2만4천6백12건, 국제발명특허 62개를 받았습니다. 회사에 조금이라도 도움이 되는 건 무엇이라도 개선합니다. 하루 종일 쳐다보고 생각하고 또 생각하면 해답이 나옵니다. 저는 국가기술자격 학과시험에서 아홉 번 낙방, 1급 국가기술자격에 여섯 번 낙방, 2종 운전 다섯 번 낙방하고 합격했습니다. 사람들은 저를 쇠대가리고 비웃기도 했지만 지금 우리나라에서 1급 자격증 최다 보유자입니다.

제가 어떻게 정밀기계 분야의 세계 최고가 되었는지 말씀 드리겠습니다. 쇠를 가공할 때, 1℃ 변하면 쇠가 얼마나 변하는지 아는 사람은 이 세상에 저 한 사람밖에 없습니다. 처음 제가 이것을 알려고 국내 모든 자료실을 찾아 봤지만 아무 자료도 없었습니다. 그래서 공장 바닥에 모포 깔고 2년 6개월간 연구했습니다. 그래서 재질, 모형, 종류, 기종별로 X-bar값을 구해 1℃ 변할 때 얼마나 변하는지「온도 치수가공조견표」를 만들었습니다. 기술공유를 위해 이것을 산업인력관리공단의「기술시대」란 책에 기고했습니다.

그러나 실리지 않았습니다.

그런데 알고 보니 제가 제출했던 자료가 기계가공분야에서는 정말 혁명적인 자료인 걸 알고, 그냥 논문집에 실으면 일본을 비롯한 경쟁국에서 알게 될까봐 장관이 비밀유지를 위해 직접 모셔오라고 했다는 것입니다. 장관을 만났을 때 '이것은 일본에서도 모르는 엄청난 것이니 공개적으로 발간되면 곤란하오' 라고 말했습니다.

피자헛을 거쳐 간 아르바이트 학생 중에 자신의 일을 건성건성 하는 사람은 꿈을 이루지 못하더라는 성신제 사장의 말은 직장인에게 중요한 시사점을 준다.

그것은 어떤 분야에서나 정성과 열정으로 일하지 못하는 사람은 다른 분야에서도 십중팔구 실패하는 사람이 된다는 점이다.

오히려 지금 하는 일이 자신에게 만족스럽지 못하며, 기회가 오면 다른 일을 해보고 싶은 사람일수록 현재 하는 일에서 성공을 이루어야 한다. 그런 사람  이라야 이전의 적극적 태도와 열정이 연결되어 새로운 분야에서도 성공할 수 있게 된다.

현재 일의 성공과 미래의 대비를 위해 바람직한 방법은 무엇일까?

지금 하는 일을 미래에 하고자 하는 일과 연결시키는 것이다. 그러자면 현재 다니고 있는 직장이 전문성을 키우기에 최적의 장소이다. 지금 다니는 곳이 가장 좋은 학습장소라고 생각하면 매사에 적극성과 열정이 묻어날 것이다. 이것이야 말로 성공의 길로 가기위한 지름길이며 성공으로 오르는 '방편의 사다리'이다.

"어떤 분야에서 성공을 거두려면 사소한 노력을 지루할 정도로 반복하는 과정이 필요하다. 위대한 일은 그냥 이루어 지지 않는다." -이나모리 가즈오-

명강사의 역할과 자질

강나경 대표

Profile

- 프랑스 파리8대학 대학원 사회학과 박사과정 수료, 프랑스 EVRY대학교 (사회학박사)
- 前 경희대학교 국제캠퍼스 체육학부 교수
- 現 사단법인 한국여가레크리에이션협회 부회장
- 現 이미지 메이킹 & 행복소통 아카데미 대표
- 現 대한민국국회나눔포럼·나눔CEO최고위과정 지도교수
- 現 고려대학교 평교원 '글로벌 매너와 이미지 메이킹' 담당강사
- 저서 :『생활예절과 이미지 메이킹』(도서출판 공동체)외 다수

명강사의 역할과 자질

이미지 메이킹 & 행복소통 아카데미 대표 강나경

    명강사(名講師)의 사전적인 의미는 '강의를 잘하여 이름이 난 강사'를 뜻한다. 다른 사람이 인정하여 칭하는 단어이다. 따라서 본인 스스로가 명강사라고 표현 하는 것은 매우 어색한 얘기가 된다. 본 장에서는 명강사란 단어에 연연하지 않고 강사의 역할과 자질 그리고 강사가 기본적으로 알아야 할 내용들을 정리해 보겠다.

    요사이 연수 프로그램을 하는 강의장에 가보면 많은 분들이 강사란 직업에 대해 관심이 매우 많다. 더구나 평균수명이 늘다보니 나이가 많아져도 할 수 있는 직업이 강사란 직업이라고 인식을 하는 경향이 있다.

사실 맞는 얘기라고 생각이 든다. 똑같은 내용을 강의하더라도 연륜이 많은 강사의 강의 내용이 훨씬 무게와 깊이가 있다고 생각한다.

필자도 강단에 선지가 벌써 40년이 넘었다. 지금까지의 강의 경력에 대해 생각해 보지 않았는데 계산해 보니, 40년이 넘었다는 사실에 스스로 부끄러움을 감출 수가 없는 심정이다. 많은 반성을 하게 됨을 고백한다.

현재는 한국인의 품격을 끌어 올리는데 사망감과 열정을 가지고 목소리 높이고 있다. 또 다시 4모작(재활인지)의 강의를 위해 요사이 열심히 공부하고 있다.

'명강사'란 단어는 예전에는 사용하지 않았는데 강사란 직업이 각광을 받으면서 최근에 쓰임이 많아졌다. '명강사'란 단어는 그렇게 쉽게 사용할 단어는 아니라고 개인적으로 생각한다.

정말 다른 강사하고의 차별성, 독특성, 희소성, 우월성 등이 있는 강사에게나 사용할 수 있는 단어가 아닐까 생각한다. 카카오톡을 보면 가끔 자기 자신을 '명강사 ㅇㅇㅇ'라고 쓰여 있는 걸 볼 때 마음이 불편해지는 것은 필자만의 생각은 아닐 것이다. 위에서도 언급했지만 '명강사'란 남들이 칭해 주는 매우 영예스런 단어이다.

사회가 점점 혼탁해지고 물질만능주의가 팽배하다 보니 각박한 삶이 되어 가고 있다. 이러한 사회를 좀 더 살기 좋은 세상으로 만들어 가기 위해서는 강사들의 역량이 큰 영향력을 미치게 될 것이다.

명강사란 실력이 있어야 한다.

남들에게 인정받기 위해서는 부단한 노력을 해야만 한다. 열심히 연구하고 많은 분야의 책도 가까이 하고 자신의 강의와 남의 강의도 자주 들어보고 사람들의 의식변화와 여러 방면의 트랜드의 변화도 파악해야 한다. 무엇보다도 다양한 대상을 상대로 강의의 경험을 많이 쌓아야 한다.

또한 어떤 과목의 강사든 일단은 강사에게서 풍겨져 나오는 이미지가 좋은 것도 교육의 효과인 것이다.

이미지란 상대방의 얼굴, 자세, 머리 모양, 복장, 행동, 목소리, 말투, 표정, 눈빛, 제스처, 스피치 등에서 풍겨져 나오는 특유한 느낌이다. 좋은 느낌을 주기 위해서는 강사 자신의 내적·외적 이미지를 아름답게 하기 위한 노력과 이미지 메이킹에 대한 학습이 뒤따라야 한다.

필자의 주된 강의 분야는 '이미지 메이킹'이기 때문에 강사가 갖추어야 할 이미지 메이킹에 대해 참고적인 내용을 소개한다.

강사는 내적 이미지가 아름다워야 한다. 아름다운 내적 이미지를 위해서는 고매하고 성숙한 인격을 제 1위로 삼고 각고의 노력을 해야 한다.

성숙한 인격을 위해선 자신이 이상적으로 생각하는 자신의 내적모습과 실재 존재하는 자신의 내적모습의 차이를 최소화하는 노력을 해야 한다.

끊임없이 자신을 갈고 닦는 노력을 하게 되면 삶에 대한 이상적인 가치관, 신념, 철학이 확립이 되는 것이다. 또, 자연과 책과 다른 사람과 또 다른 그 무엇인가를 통해서 깨달음이 있어야 한다.

그리고 어떤 상황에서라도 4~5초의 머무르기,
즉, 여유를 가지면서 역지사지(易地思之), 역지감지(易地感之)를 잘해야 한다.

즉, 마음관리를 잘해야만 고매한 인격자가 되는 것이다.

강사는 호감 있는 외적 이미지를 위해서 시각적인 면, 청각적인 면에 신경써야한다.

시각적인 이미지를 좋게 하기 위해선 가장 먼저 바른 자세를 취해야 한다. 서있거나 앉아 있거나 걸어갈 때 척추가 똑바로 서야 하고 어깨가 펴져 있어야 한다. 또, 강사란 직업에 맞는 머리 모양과 시간, 장소, 상황(경우)에 맞는 옷차림을 해야 한다.

청각적인 이미지를 좋게 하기 위해선 복식호흡을 기본으로 하고 비강과 구강의 울림이 동시에 나는 마스크 공명법으로 스피치를 하게 되면 공명이 되는 목소리이기 때문에 호감지수와 신뢰 지수가 동시에 올라간다.

이상은 명강사가 되기 위해서 기본적으로 숙지해야 할 내용들을 소개했다. 강의를 한다면 누구나가 명강사가 되기를 희망할 것이다. 그렇다면 스피치에 대해 관심과 훈련이 따라야 한다.

스피치에 관한 기본적인 내용들을 소개한다. 강의를 할 때 목소리의 공명도 좋지만 스피치의 리듬을 타면서 강의를 해야 지루함이 없다. 즉, 강약, 속도, 고저, 쉼(pause)의 변화를 가져야 한다. 특히 쉼은 강의 내용 전달을 효과적으로 전달하기 위해서 매우 중요하다.

또한, 강의 할 때는 구어체의 표현과 단문(간결체)을 사용하고 표정은 강의 내용과 일치되어야 한다. 문장 머리는 부드럽게 시작하고 끝은 분명하게 발음한다. 제스처는 적절하게 취하고 문장 끝은 '요', '죠' 보다 '다', '까'의 격식체(70-80%)의 사용이 품격이 있다.

무조건 미소 지으며 강의에 임한다면 그 미소는 느끼함으로 바뀌게 된다. 미소 대신 입술 양끝에 약간의 힘을 주며 말을 하게 되면 정성스런 표정이 되면서 성대가 열리기 때문에 목소리의 느낌이 매우 부드럽고 생기 있는 목소리로 바뀐다.

강의 할 때의 유의사항을 열거해 보면,
1. 강의 시 분위기 조성을 위한 도입단계를 갖도록 한다.
2. 목소리 톤을 지나치게 높이지 않는다.
3. 대화식으로 풀어간다.
4. 자신의 개성 있는 음성을 개발한다.
5. 자신감을 갖되 겸손한 태도를 유지한다.
6. 쉽게 말하되 평범하지 않아야 한다.
7. 열정을 가지고 진지하게 말한다.
8. 청중의 주의집중을 위해 약 8분 간격으로 분위기 변화에 신경 쓴다.

9. 끝마무리는 인상 깊게 한다.

　명강사란 하루아침에 만들어지지 않는다. 하나의 농작물을 생산하기 위해서 밭과 논을 일구고 정성을 쏟아야만 농작물이 생산되듯이 명강사란 부단하게 공을 들여야만 탄생된다.

현대 사회는 브랜드 시대이다.

　특히, 퍼스널 브랜드(Personal Brand)는 강사 활동을 하는 분들은 많은 관심을 가져야만 한다. 특히 명강사가 되려면 남과 나를 구별시켜 주는 핵심가치를 구축시켜 자신만의 퍼스널 브랜드를 가져야 한다. 퍼스널 브랜드는 개인이 가지고 있는 재능, 전문적인 능력, 높은 호감지수를 위한 이미지 메이킹의 총체로 남과 나를 구분시켜 주는 핵심가치를 소유해야만 하는 것이다.

　명품이 고품질의 가치로 소비자의 신뢰를 얻고 구매자의 만족감을 주듯이 명강사란 자신의 퍼스널 브랜드(Personal Brand)를 기반으로 사회의 요구에 부합되는 능력과 실력을 발휘하여 사람들에게 긍정적인 에너지를 전달하고 선한 영향력을 행사해야만 한다.

　명강사란 본인이 가치를 가져서 다른 사람에게 영향력을 미치는 힘이 있어야 한다. 자기 자신이 무엇을 상징하고 있는가를 대상들이 인식해야만 한다. 그러기 위해서는 대상의 그 누구도 무시하지 않고 최선을 다하고 정성을 쏟으며 강의에 임해야 한다.

정성을 쏟으면 강의에 배어 나오고 겉에 배어 나오면 겉으로 드러나고 겉으로 드러나면 밝아지고 밝아지면 남을 감동시키고 남을 감동시키면 감동 받은 사람들이 변하게 되고 변하면 양질의 사람이 되는 것이다. 양질의 사람들이 많아지면 이 세상은 아름다운 세상으로 바뀔 것이다.

말에는 유인력(誘引力)이 있어서 같은 속성의 에너지를 끌어들여 22배로 증폭시킨다는 것이 메아리의 법칙이라고 한다.

한국사회에 지금보다는 더 많은 명강사가 배출되어 명강사들의 큰 외침이 22배로 증폭되어 사람들의 가슴에 전달되어 감동을 받게 되면 우리가 사는 이 세상은 분명히 밝은 세상으로 바뀔 것이다.

명강사를 구분하는 기준은 무엇인가?

공명숙 교수

Profile

- 한성대학교 대학원 정책학 전공 행정학 박사
- 현) 경희대학교 공공대학원 외래교수/한성대학교 국방과학대학원 외래교수
- 현) 대진대학교 초빙교수/가천대학교 외래교수
- 전) 한성대학교 교육대학원 겸임교수/광운대학교 상담복지정책대학원 외래교수
- 저서 : 『21C를 사는 부모를 위한 자녀양육지침서』/《역서》마이클 럼 리『성공이 늦어질뿐 실패는 없다』『글로벌시대의 문제해결방법』『글로벌시대를 위한 융합의 이해』그 외 다수
- 강의분야 : 부모.자녀.교사.공무원교육/커뮤니케이션/갈등관리/리더십/애니어그램 그 외

명강사를 구분하는 기준은 무엇인가?

경희대학교 공공대학원 외래교수 **공 명 숙**

　명강사를 구분하는 기준은 무엇인가! 누가 왜 이런 기준을 설정하였는가! 이러한 사회적 능력구분에 암묵적으로 동의하는 것이 과연 교육적인가! 또한 사람들에게 행동거지(行動擧止)가 모범이 되어야 할 지식인으로써 명강사라는 호칭을 듣는 것이 도리에 어긋나지 않는가! 하는 생각을 하게 된다. "모든 인간은 평등하게 창조되었다(All men are created equal)."며 인간의 생득적 평등권을 주장한 미국 독립선언서를 기초한 토마스 제퍼슨(Thomas Jefferson)과 인권운동으로 평생을 바친 마틴 루터 킹(Martin Luther King, Jr) 목사의 절규의 메아리가 아직 귀에 아스라이 남아있는 지금 강사들은 공장에서 제품을 생산하듯 인간성(humanity)이 빠진 '지식근로자(Knowledge Worker)'나 '개념

없는 성공지향주의(success-oriented)적' 인간을 양산하지 않는지 반성하면서 명강사에 대해 재조명해 본다.

1. 명강사란 무엇인가?

'명강사란' 표준직업분류(Standard Occupational Classification) 측면으로 본다면, 남을 가르치는 직업은 대학이나 특정 교육기관(institute)에서 고등교육을 담당하는 '교수(professor)'나 '강사(lecturer)', 초등학교부터 고등학교까지 중등교육을 담당하는 '교사(teacher)', 기업이나 단체에서 강의하는 강사(speaker), 그리고 개인지도 형식으로 강의하는 '개인교사(tutor)'로 분류할 수 있다. 교육법상 가르치는 것을 직업으로 할 때는 대상과 수준에 따라 일정교육을 마치고 자격시험에 통과하여 정책적으로 결정된 커리큘럼을 통해 공공교육기관에서 가르치는 전문적(professional) 직업인인 교수와 교사들은 소속된 단체의 특성에 맞춰 사회적으로 신분이 구분이 되는 고유의 직함(job titles)을 갖게 된다. 하지만 기업이나 특정단체에서 불특정한 주제를 가지고 강의하는 경우에는 학습대상을 구분하여 '강사

(speaker)'라는 호칭을 사용한다. 즉, 강사는 대학에서 가르치는 강사(lecturer)와 대중들에게 강의하는 강사(speaker)로 나누어지며 우리가 말하는

명강사는 후자의 강사(speaker)에 해당된다고 볼 수 있다.

이러한 기준에서 볼때, '명강사'란 강사(speaker)로서 유명(famous)하거나 대중적 인기(popular)보다는 '학습자(learner)로부터 존경을 받으며 교육의 본질에 충실하여 그들의 지적 호기심(intellectual curiosity)과 배움의 동기를 자극(stimulus)해 태도의 변화(change the attitude)를 이끌어내는 강사'라고 정의 내릴 수 있다. 다시 말하면 강사가 학습자와 강의를 통해 커뮤니케이션을 하며 그들과 수직관계(hierarchy)가 아닌 공감(sympathy)을 통해 지식을 전달하는 과정에서 학습자가 다른 강사들과 분리해 붙여준 상향식(bottom-up)호칭이라 할 수 있다.

2. 명강사가 넘어야 할 세 가지 장애

명강사는 강의의 내용과 질 그리고 학습자의 반응에 의해 도출된 호칭이기 때문에 그 호칭이 허울뿐인지 아니면 실제로 그러한 이름으로 불릴만한 자격을 갖추었는지 그 기준이 애매모호할 것이다. 한국사회에서 명강사가 되기 위해서는 기본적으로 세 개의 장애를 넘어야 한다.

첫째, 소통의 달인으로 청중의 지적호기심을 깨워야 한다.
강의가 이루어지는 한국사회는 논리적이고 직접적인 표현을 하는 서양과 달리 눈치와 암묵적 소통이 발달한 고맥락 문화국가

이기 때문에 강의를 하기 위해서는 소통의 달인이 되어야 하고 학습자의 무반응과 무관심한 태도에도 열정을 갖고 그들의 지적 호기심을 깨워야 한다.

둘째, 후광효과를 누리는 각고한 노력이다.
연고, 학벌, 지역을 중시 여기는 사회성향으로 인해 명문대출신이거나 화려한 배경을 가진 강사들이 누리는 후광효과, 그들이 이미 선점한 철옹성 같은 강의실의 문을 열기위한 기회를 얻기 위해서는 남이장군의 시처럼 '백두산 돌은 칼을 갈아 다하고(白頭山石磨刀盡)'와 같은 노력이 필요하다.

마지막으로 지속적인 강의전달 방법을 연구해야 한다.
속성으로 가르치는 강의를 위한 경제적 활동의 하나인 근로활동으로 생각하고 교육계를 시장으로 보며 강의전달 방법을 속성으로 가르쳐서 명강사를 배출한다는 단체들에 의해 발생된 사회적 선입견을 딛고 꾸준한 강의전달을 위해 탐구하고 자신의 일에 충실해야 한다.

이러한 장애를 무사히 넘긴다 해도 학습자들의 지적 호기심을 채울 수 있는 교안제작과 전달방법 그리고 강의실 안에서 벌어지는 모든 일을 통제할 수 있는 역량을 갖추었을 때

비로소 명강사가 될 수 있는 기본요건을 충족시켰다고 볼 수 있다.

3. 명강사가 갖추어야 할 네 가지 기본 특성

학습자들이 명강사라 칭한 것은 다른 강사들과 구별하여 신분적 차별을 하려는 것이 아니라 강사의 헌신적인 수고에 대한 최소한의 존경을 외적으로 표현한 것이라 생각한다면 명강사를 결정하는 요소는 주관적이고 실제적(practical)이며 자율적인 특성을 가지고 있다고 생각한다. 규범화된 형식이나 기준 없이 순수(pure)하게 강의내용으로 결정된 사항이므로 명강사의 호칭은 제한된 범위 안에서 사용되다가 추후 사회전반에 알려지게 되는 것이 자연스럽다. 강의에 감동한 학습자들에 의해 명강사라라 칭함을 받는 것이 논리적이고 합리적이라고 볼 때, 명강사가 갖추어야 할 기본특성을 네 가지 요소로 나눠 보았다.

첫째, 인성과 교양을 갖춘 품성(인간적인 요소)을 갖춘 자
둘째, 학습자 중심의 강의에 태도변화(교육적인 요소)를 가진 자
셋째, 실력과 자격을 갖춘 역량(실무적인 요소)있는 자
넷째, 겸손하고 헌신적인 태도(행동규범적인 요소)를 가진 자

이와 같은 요소들은 강사의 선천적 기질과 후천적 학습을 통해서 습득(obtain)될 수 있으나 개인역량과 사명감, 그리고 의지가 중요한 영향을 미친다.

스스로 명강사가 되기 위한 조작적 조건화(operant conditioning)를 통해 이러한 요소들을 의도적으로 갖추는 것이 아니라 사명감과 사회적 책임감을 갖고 학습자들에게 최선을 다한 결과로서 얻어지는 '경험적 지식(empirical knowledge)'을 통해 강사로서 특성을 인지하고 명성보다는 강사의 본질인 가르침에 최선을 다해야 한다. 명강사의 호칭은 추구(pursuit)하는 것이 아니라 주어지는(given) 것이다.

4. 명강사의 네 가지 사명

명강사라 칭함을 받는 강사라면 기본적으로 그 명예스러운 호칭에 맞는 사회적 요구에 순응(adaptational)하는 행동을 해야 한다. 학습자 중심의 강의와 질 좋은 교육내용 그리고 학습자의 학습 환경과 개인역량을 감안한 교안채택은 모든 강사의 의무이고 교육업 종사자들이 꿈꾸는 이상적인 교수법이다. 명강사는 이와 같은 기본의무사항을 뛰어넘어 지식융합을 통해 지식창출과 응용 그리고 사회화할 수 있는 역량을 함양할 수 있는 기회를 제공해야 한다.

즉, 강사들이 know-what을 가르친다면 명강사는 know-why와 know-how를 통해 학습자가 스스로 결정하고 행동할 수 있는 태도를 갖게 해야 한다는 의미이다. 또한 커리큘럼이 있는 제도권 교육에서 소홀하기 쉬운 인성과 사회성에 근간한 자신만의 교수법을 개발하고 학습자들의 학습동기를 자극하는 멘토링을 통한 상호

교감을 통해 학습자가 원하는 것은 물론 필요로 하는 것까지 챙겨줘야 하는 것이 명강사의 기본의무라는 것이다. 인삼이 상품화되기
위해서는 사포닌 함량이 가장 많은 6년이 될 때까지 기다리는 것처럼 명강사는 수년간의 강의 경험과 마이크로 티칭을 통한 피드백을 통해 자신만의 교수법과 학습자와 강의를 통한 상호교감이 이루어질 때까지 노력해야 한다. 학습자를 가장 잘 이해하는 명강사라고 한다면 적어도 명강사의 세 가지 사명을 기억해야 할 것이다.

첫째, 사회적 사명이다.

사회에서 필요로 하는 인재가 갖추어야 할 덕목을 가르치고 학습자들이 사회화 될 수 있도록 격려하고 비전을 제공하는 사명이다.

둘째, 교육적 사명이다.

지식탐구와 창출을 통해 자신만의 지식세계를 만들어 갈 수 있는 교육학적 도움과 코치를 하는 사명이다.

셋째, 심리적 사명이다.

자기계발을 통해 자신의 삶의 주체로써 스스로 평가, 결정, 행동, 그리고 삶의 비전을 세우는 진취적 성향을 가진 사람으로 양성하는 사명이다.

이와 같이 명강사를 구분하는 기준에서 명강사라는 용어가 마케팅에서 사용되면 강사는 가르치는 사람이 아닌 배운 지식을 판매하는 '지식상인'이 될 것이다. 이는 결국 이익을 내기 위해 학습자의 인지능력이나 지적호기심에 관계없이 이미 만들어진(ready-made) 강의안을 가지고 녹음기처럼 반복하여 마치 동전만 넣으면 바로 나오는 자판기 같은 역할을 하면서 지적 우월감과 자기만족에 빠져 자기계발을 등한시하게 된다. 그러나 명강사가 주는 무게감과 사명감을 느끼는 강사라면 학습자의 인생에 개입해야하는 심리적 부담과 효과적인 지식전달을 위한 교안작성 및 교수법 개발로 인해 '마치 도서관이 요람이 되고, 원서가 베개가 되며, 강의실이 세상에서 가장 맛있는 지식요리를 최고의 고객에게 선보이는 주방이 되는 것처럼' 의미 있을 것이다.

훌륭한 재료, 주방도구, 실력 좋은 요리사의 솜씨가 합하여 최고의 요리가 나오듯 명강사는 최고의 지식과 교수법 그리고 명강사로서의 사명감을 갖고 청중을 사로잡을 수 있어야 한다. 오늘 이 시간도 명강사로 칭함을 받는 모든 명강사들이 자판기를 부수고 청중을 위해 최고의 지식을 요리할 줄 아는 명강사들이 되기를 기원해 본다.

동기(motivation)의 마법

권인아 대표

Profile

- 현) With HRD 교육컨설팅그룹 대표
- 2013~2015 보건복지 인력개발원 우수강사 선정
- 한국 코치협회 KPC 인증코치
- 국가공인 CS 리더과정 전문 교수
- 단국대학교 교육학 박사 과정 수료
- 전) KBS/ MBC/ SBS TV 시사교양 방송인 (리포터 및 MC)
- 저서 :『비즈니스 매너와 글로벌 에티켓』(2017 도서출판 한올)

동기(motivation)의 마법

With HRD 교육컨설팅그룹 대표 **권 인 아**

"톰! 톰! 여기 울타리 전체에 페인트칠을 하거라." 어느 화창한 토요일에 장난꾸러기 톰에게 화가 난 폴리 이모는 울타리 전체를 혼자서 페인트칠을 하라고 벌을 줬다. 자그마치 250m의 울타리를. 친구들이 왔다가 자신의 처지를 보면 비웃을 것이 뻔했다. 별로 페인트칠이나 하는 톰. 하는 수 없이 톰은 집안일을 거드는 흑인 짐에게 페인트칠을 부탁한다. "짐, 내가 물을 길어 올 테니까 페인트를 좀 칠해주지 않을래?" 짐은 고개를 흔들었다. "도련님, 그건 안 돼요. 마님께서 울타리를 칠해달라는 부탁을 받아도 절대로 해주지 말고 빨리 물을 떠 오라고 하셨는 걸요." "그럼 내가 흰 구슬을 줄게, 그렇게 할래?" 하지만 소용이 없었다. 궁지에 몰린 톰은 깊은 생각에 잠기더니 이윽고 아주 즐겁고 재미있는 표정을 지으며 울타리를 칠하기 시작한다. 친구들이 와서 톰을 부르지만 톰은 못들은 척한다. '정말 재미있다'는 표정을 지으며 울타리에 페인트칠을 계속한다.

톰을 보며 친구들이 모여든다. '뭐가 저렇게 재미있는 걸까?' "톰, 나도 잠깐만 해보자." 친구들은 오히려 페인트칠을 하겠다고 나선다. 그러나 톰은 이를 점잖게 거절한다. "안 돼. 이 울타리는 폴리 이모가 굉장히 신경을 쓰시거든. 이걸 솜씨 좋게 칠할 수 있는 어린이는 천명이나 이천 명 중에 한 사람 밖에 없을 거라고 이모가 그러셨어." 톰의 말에 친구들은 "정말? 제발 부탁이니 나도 좀 하게 해줘. 이 사과 한입 줄게"라며 페인트칠을 하게 해달라고 간곡히 청한다. 이에 톰은 "그래? 그렇다면…, 아니, 역시 안 되겠어"라며 고개를 젓습니다. 또다시 친구들은 말한다. "이 구슬 통째로 다 줄게." 친구들이 자신들의 소중한 보물을 톰에게 내놓으면서 서로 먼저 페인트칠을 해보고 싶어 하는 상황이 발생한 것이다. 결국 어떻게 되었을까? 톰은 그늘 밑에서 느긋하게 쉬면서 반나절도 채 지나지 않아 페인트칠을 마쳤다. 톰이 꾀를 내어 친구들에게 페인트칠을 하게 만든 것. 바로 '동기(motivation)'란 요술이다. 동기는 심리학적 용어의 하나로 "움직이게 하다"라는 라틴어 '모베러(movere)'에서 나왔다. 대체 인간은 무엇에 의해 움직이는가? 무엇이 1등과 2등, 1등과 꼴찌의 차이를 만들어내는 것일까?

명강사 권인아

자신은 물론 타인과의 관계에서도 탁월한 성과를 낼 수 있는 동기의 세상 속으로 들어가 보자.

1. 동기부여(Motivation)의 개념

과연 21세기에 사람들을 움직이게 하는 동기는 무엇일까? 신경과학자이자 미래학자인 다니엘 핑크는 '드라이브-진정한 동기'란 책에서 동기 3.0을 소개하며 내재적 동기를 강조한다. 그는 생존을 위해 움직였던 것을 '동기 1.0', 20세기 규칙위주의 기계적인 일에 대한 외적보상과 처벌(당근과 채찍)로 움직였던 것을 '동기 2.0', 창의적인 일을 하는데 있어 중요한 내적동기는 '동기 3.0'으로 규정했다.

_{충청타임즈 심리학으로 보는 세상만사 양철기 〈충북학생외국어교육원 연구사·박사 (2014.07.21)〉}

❖ 동기부여의 개념

국립 국어원에 따르면 동기부여(動機附與)의 정의는 아래와 같이 정리해 볼 수 있다.

1] <교육> 학습자의 학습 의욕을 불러일으키는 일.
2] <심리> 자극을 주어 생활체로 하여금 행동을 하게 만드는 일.
　　　　　　굶주림과 같은 생활체 내부의 동인(動因)과 음식과 같은
　　　　　　외부의 유발인(誘發因)에 의하여 이루어진다.

동기부여는 직장생활을 하는 사람들이 조직의 목표를 향하여 특정한 행동에 열심히 임하도록 움직이게 만드는 과정이다.

따라서 어떻게 자발적으로 노력하고 싶은 마음을 불러일으키는가에 관심을 갖는다. 동기는 행위 결과에 따라 보상을 받게 되는 '외적동기'와 자체가 즐겁거나 관심이 있어서 하게 되는 '내적동기'로 나뉜다. 동기부여의 과정을 볼 때 동기부여의 시작은 '불안정 상태(state of disequilibrium)' 혹은 '불균형 상태(sence of imbalance)로부터 시작된다. 이러한 상태는 인간에 의해 경험된 욕구, 바람, 기대에 의해 생겨난다. 이러한 욕구란 어떤 시점에서 개인이 경험하는 상대적 욕구결핍으로서 행동을 활성화시키고 촉진하게 만든다. 따라서 결과적으로 이때부터 동기부여의 시동이 걸린다고 보면 된다. 동기는 불안정하다는 느끼는 욕구를 충족시킬 분명한 행동을 야기하게 만든다. 따라서 그 욕구를 충족시킬 수 있는 방안을 모색하게 되고, 그 결과 하나의 행동이 선택된다. 이렇게 선택된 행동은 목표지향적이어서 그 목표가 달성될 때 까지 그 행동은 유지된다. 이것은 다시 개인들에 의해 상대적 욕구결핍을 재평가하게 함으로써 피드백 과정을 통해 행동이 수정되고 이는 다른 불안정상태를 만들어 내는 순환과정을 이룬다.

2. 동기부여(Motivation)의 중요성

♣ 동기부여의 중요성

앞단의 사례에서 본 마크 트웨인의 '톰소여의 모험'은 동기에 대한 깊은 통찰을 준다. 이 이야기의 핵심은 일 자체가 아닌 인식을 바꾸는 것으로서 자발적인 동기로 일하면 하면 힘들고 어려운 일도 즐겁게 할 수 있다는 것이다. 대니얼 핑크가 주장하길 호기심과 흥미를 충족하기 위해 일할 때, 즉 일이 놀이가 될 때 훨씬 큰 성과가 나타난다고 한다. 보상과 처벌이 따르는 일이 되면 흥미가 떨어지고 효율도 낮아지지만, 자발적 동기로 임하면 힘겨운 일도 즐겁게 할 수 있다. 이런 현상을 그는 '톰소여 효과'라고 불렀다. 부정적인 면(보상을 주면 놀이가 일로 변할 수 있음)과 긍정적인 면(내재적 동기에 의하면 일이 놀이로 변할 수 있음)을 '동기 3.0'에 빗대어서 이야기 하고 있는 것이다

사람들은 외적 보상이 두드러지는 환경에서는 보상을 유발하는 지점까지만 노력하고 그 이상을 애쓰지 않는다. 외재적 보상이 나쁘다는 것이 아니다. 하지만 보상은 행동의 의미를 바꿔버리는 행동연금술 같은 것이다. 보상이 있기에 흥미진진했던 일이 틀에 박힌 지루한 업무로 변형될 수 있다. 우리는 지금까지의 과학적 연구 결과에 귀 기울이고 관행적 행동을 '동기 3.0'으로 업그레이드 시켜야 한다. 사람들이 '하고 있는 일 자체에 대한 재미'를 추구할 수 있는 내재적 동기를 유발 할 수 있도록 해야 한다. 동기부여는 리더십의 핵심 개념이다. 얻고자 하는 성과와 목표의 실현은 동기부여의 최종 목적지이다. 그렇기 때문에 리더라면 구성원들이 좋은 성과를 내도록 동기부여 할 수 있는 능력을 갖춰야 할 뿐만 아니라,

자기 자신에도 동기를 부여할 수 있어야 한다.

3. 동기부여 방법

1) 동기부여를 위한 내적보상

내적동기란 큰 목적을 향해, 스스로의 선택으로, 몰입하며 조금씩 나아갈 때 만들어진다. '열정과 몰입의 방법'의 저자 케네스 토마스는 내적보상에 대한 내용을 다음의 네 가지로 나누었다.

- ▶ 의미 : 자신이 가치있는 일을 하고 있다는 느낌
- ▶ 선택 : 일을 할 때 자신에게 선택권이 있다는 느낌
- ▶ 역량 : 일을 할 수 있다는 느낌
- ▶ 성과 : 목표를 향해 나아가고 있다는 느낌

내적동기를 위한 세 가지 요소는 다음과 같다.

① **자율감** : 인간은 모두 자유롭고 싶어 한다. 자율감이 깃들수록 지금의 행위에 오로지 매진할 수 있다. 할일(무엇을), 시간(언제), 사람(누구와), 기술(어떻게) 등에 대한 자율성을 갖도록 해야 한다. 스스로 많은 것을 선택했다고 느낄수록 내적동기가 활성화 된다.

② **몰입감** : 몰입은 우리의 능력과 도전이 절묘히 맞아떨어질 때 경험하는 최적경험이다. 너무 뜨겁지도, 너무 차갑지도 않은 '도전적 일'은 이제 '일'이 아닌 놀이임 셈이다. 아슬아슬한 목표와 성공했는지 명확하게 알수 있는 빠른 피드백을 만족 시킬 때 우리는 몰입할 수 있다.

③ 목적감 : 그 범위가 어떻든 자신을 넘어서는 무언가에 헌신하는 느낌은 본성으로 소중하다. 충만감을 주고, 자체로 내적보상을 준다. 자신이 소중히 생각하는 가치를 위해 나아가도록 셋팅하도록 한다. 일에 대한 몰입, 헌신은 일과 가치를 연결한다. 일에 헌신하면 내적 가치가 새롭게 연결되기도 한다. 나를 위하고, 나를 넘어선 우리를 위하는 '일의 목적'을 셋팅해보자.

2) 스스로에게 동기부여 하는 방법

① 미래에 집중하기 (Focus on the Future) : 지나간 과거에 집착하거나 현재 닥친 문제와 상황에 휘둘려 산다면 스스로에게 실망하기 쉽다. 그럴 때 시선을 미래로 돌리는 것이 좋다. 미래로 시선을 옮기면 열려있는 수많은 가능성을 다시 발견할 수 있다. 열린 가능성은 긍정적인 태도로 이어지고, 긍정적인 태도는 아무리 좋지 않은 상황에서도 기운을 차리게 해주는 원동력이 된다.

② 찾아서 읽기 (Read All About It) : 자신에게 영감을 불어넣어 줄만한 사람들의 이야기가 담긴 책을 찾아 읽어보자. 세상에는 시련을 이겨내고 커다란 성공을 거둔 사람들이 많다. 나의 마음을 울리는 이야기를 찾아내고, 그 이야기에서 스스로를 고무시키고 토닥여줄 힘을 이끌어 내보자.

③ 롤모델 찾기 (Find a Role Model) : 사람들은 어렸을 때 자신이 선망하는 대상을 발견하고 존경하곤 한다. 그리고 그들을 자세히 관찰하며 행동 하나하나를 따라 한다. 어른이 되어 롤모델을 가지는 것 역시 이와 비슷하다. 자신의 삶 속에서 혹은 직장에서 누군가를

찾아보자. 나보다 앞서 나가거나, 너가 지향하는 무언가에 더 가까운 곳에 있는 사람을 찾아 그들의 성공 비결을 물어보자. 그들이 겪은 시련과 극복에 관한 이야기를 동력으로 삼아보도록 하자.

④ 이미 이룬 것처럼 행동하기 (Act as If) : 스스로에게 동기를 부여하는 효과적인 방법 중 하나가 바로 '이미 성공한 인물이 된 것처럼 행동하기'이다. 이 방법은 스스로 얼마나 노력을 하느냐에 따라 효과가 크게 달라진다. 즉, 성공에 어울리는 더 좋은 선택을 할수록 스스로의 가치가 올라가게 될 것이며, 결국 자연스럽게 성공에 어울리는 행동을 하게 되는 셈이다.

⑤ 재충전의 시간 갖기 (Take a Break and Re-energize) : 때때로 스스로에게 동기를 부여하기 위해 완전히 다른 방식의 전략이 필요할 때가 있다. 휴대폰도 충전해야 온전히 기능을 다 쓸 수 있는 것처럼 우리도 시간을 내어 완전한 휴식을 취해야 한다. 휴식하는 동안 스스로의 삶에 대해 돌아볼 시간을 가져보자. 스스로에게 동기부여를 하는 것은 자기 자신을 성장시키는 좋은 방법 중 하나이다. 무기력함을 느낄 때, 그 상황을 피하지 말고 적극적으로 이겨내려 노력해보자. 위에서 소개한 스스로에게 동기를 부여 하는 5가지 방법을 반드시 활용해볼 수 있도록 하자.

<참고문헌>
중앙시사매거진. 심영섭의 심리학 교실 l
인간은 무엇으로 움직이나? 동기심리학의 세계 -2015.12.27
요약 및 발췌 : 뇌신경연결을 만드는 '반복의 힘' 2017.3 brainup
http://blog.wishket.com 위시캣 블로그. [프리랜서 가이드/ work TIP]

행복을 위한 제언 "몰입"

김남희 대표

Profile

- 경력 : 현) Learning DNA 대표
  휴셋파트너스 수석컨설턴트 The HRD 전문 교수
  현대자동차그룹 조직문화 전문 퍼실리테이터
  전) SK Telecom Rainbow Academy 전임강사
- 학력 : 숭실대학교 경영대학원 서비스 경영학 석사
- 강의분야 : 핵심가치, 커뮤니케이션, 리더십, 강의스킬, 워크스마트, CS, 비즈니스매너 외
- E-mail : 282nina@hanmail.net

행복을 위한 제언 "몰입"

Learning DNA 대표 김 남 희

 취업포털 『잡코리아』의 조사에 의하면 한국사람들은 평균적으로 하루에 9시간 26분정도 일한다고 한다. 눈 떠 있는 시간의 반 이상을 일을 하면서 보내는 셈인데, 여기에 질문을 던져보고자 한다. "당신은 무엇을 위해 일을 하는가?" 강의를 하면서 많은 사람들에게 같은 질문을 던져봤다. '자아실현을 위해서', '일이 좋아서', '경력 단절을 막기 위해서' 등이 있었지만 '돈을 벌기 위해서'라는 응답이 대부분이었다.

 그렇다면 한 번 더 질문을 던져보겠다. "돈을 벌어서 무엇을 하겠는가?" 많은 사람들의 답변은 이러했다. "건물을 사서 건물주가 되겠다." "저축을 하겠다." "여행을 다니고 싶다." "일안하고 편히 살고 싶다." 결국 돈 벌어서 쉬고 싶다는 의견이 지배적이었다.

그럼 여행하면서 일 안하고 편히 쉬면서 돈을 벌 수 있다면 어떨까? 그림 같은 해변에서 먹고 자고 놀면서 돈을 벌 수 있다면 얼마나 행복할까? 자, 한번 상상해보자. 1년 내내 따스한 햇살이 비추고, 드높이 푸른 하늘과 크리스탈 빛 바다가 있는 곳. 꿈같은 저택과 개인전용 수영장에 무료 골프 회원권까지 제공해주고, 보수는 6개월에 1억 5천만원이다. 그 곳에서 해야 할 일은 푸른 바닷속의 물고기에게 밥을 주고, 우편물을 받아놓고, 오늘 하루 종일 논 일들을 인터넷 블로그에 올리면 된다. 이렇게 휴양하면서 돈도 벌 수 있는 직업이 과연 있을까?

2009년에 전세계 사람들을 대상으로 채용공고를 냈고, 엄청난 경쟁률을 자랑했던 『호주 해밀턴 아일랜드 섬관리인』이다. 이 엄청난 경쟁률을 뚫고 뽑힌 사람은 영국의 자선사업가, 벤 사우스홀이다. 사람들의 관심과 부러움을 한 몸에 받은 벤 사우스홀은 설렘과 기대를 안고 해밀턴 아일랜드에서의 꿈같은 6개월을 보낸다. 그는 과연 행복했을까? 6개월 후 고국으로 돌아온 그가 기자들과의 인터뷰에서 이렇게 대답했다.

명강사 **김남희**

> "휴일은 단 하루도 없었습니다. 지쳐 쓰러지기 일보직전까지 갔죠. 상상했던 것보다 상상 이상으로 바빴습니다. 너무나 바빴기 때문에 앉아서 대체 저에게 무슨 일이 벌어지고 있는 건지 조차도 되돌아볼 시간 여유가 없었습니다."

그의 인터뷰가 우리에게 시사하는 바는 무엇일까? 어쩌면 노는 것도 일로 하면 힘들고, 스트레스 받는 일이 될 수 있다는 것 아닐까? 결국, 어떤 일을 하는지 혹은 어떤 직업을 가졌는지, 어디서 일하는지가 일에 대한 만족도에 미치는 영향은 미비하다는 것이다.

괴테는 *"인생의 행복은 내가 좋아하는 일을 찾는 데 있는 것이 아니라 내가 하는 일을 좋아하는데 있다."* 라고 했다.

많은 사람들이 "좋아하는 일을 찾아라. 좋아하는 일을 해야 행복하다"라고 말한다. 인생이라는 시간의 ⅓을 일을 하면서 보내는데 좋아하는 일을 하는 것은 중요하다. 그러나 좋아하는 일을 한다고 할지라도, 매일이 반복되다 보면 싫증이 나고, 힘겹고, 하고 싶지 않은 순간들도 있다.

괴테의 말처럼, 인생에서 항상 행복하고자 한다면, 내가 무슨 일을 하든, 내가 하는 일에 의미를 발견하고 그 의미를 지속적으로 음미하면서 일을 즐기고자 노력하는 것이 필요하지 않을까? 그러면 어떻게 해야 일을 즐기면서 행복하게 할 수 있을까?

행복을 연구하는 학자. 칙센트 미하이는 인간이 언제 행복감을 느끼는지를 연구했다. 그 결과 '몰입'할 때 인간은 행복감과 만족감을 느낀다고 말한다. <u>'몰입'은 무엇인가 흠뻑 빠져있는 심리적 상태를 의미한다.</u> 다른 말로 '집중한다'라고 말할 수 있다. 몰입할 때 우리는 어떤 것을 느끼는가? 시간이 언제 지나갔는지 모르게 시간이 가버린다. 아주 깊게 몰입된 상태에서는 대상과 내가 하나가 된 듯한 물아일체를 맛보기도 한다. 그러면 몰입은 어느 때 일어나는가?

칙센트 미하이 교수는 몰입이 언제 일어나는가를 연구하던 중 2가지 기준을 발견하게 된다.

첫 번째는 일에 대한 난이도이다.
두 번째는 그것을 할 수 있는 기술이나 능력이다.

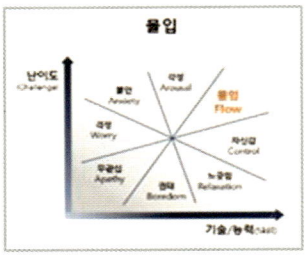

이 2가지가 어떻게 조합되는지에 따라 인간은 과제를 수행하면서 다양한 심리적 상태를 경험하게 된다. 만약, 신입사원이거나 이제까지 하던 업무와 전혀 다른 팀으로 발령이 나거나 전혀 경험하지 못한 업무를 하게 될 때, 그 일을 어떻게 해야 할지 감이 없고, 일이 어렵다고 생각될 수 있다. 그럴 때 우리는 '걱정'과 '불안'을 느끼게 된다.

그러다가 어느 정도 일에 대해서 파악하게 되면 약간의 긴장감으로 '각성'하는 상태에 이르게 되고 일에 대해 감이 잡히고, 성취감을 조금씩 맛보게 되면, 어느 새 그 일에 '몰입'하게 된다. 그러다가 어느 정도 능숙해 지면, 그 일을 하는 것에 대해서 '자신감'이 붙고, 여러 번 반복하다 보면 '느긋함'을 느끼다 못해 어느 순간에 '지루함'을 느끼게 된다.

누구나 이런 다양한 정서를 경험하는데, 칙센트미하이는 바로 몰입할 때, 인간은 가장 행복감을 느낀다고 한다. 그러면, 잠시 생각을 해 보자! 나는 지금 어느 심리상태에 있는  가? 만약 내가 '불안', '걱정' 상태에 있다면 기술, 능력을 키우는데 힘써야 하고, '느긋함', '권태'에 있다면 일의 난이도를 높여야 할 것이다. 그래야 지속적인 몰입을 경험할 수 있다. '몰입'은 일상에서 쉽게 경험할 수도 있지만, 생각보다 많이 경험하지 못하기도 한다. 실제로 조사에 의하면, 몰입을 전혀 경험하지 못한다는 사람이 12%나 된다고 한다. 그러면 어떻게 몰입 할 수 있을까? 여기에 몰입을 촉진하는 3가지 방법을 제시한다.

첫 번째, 명확한 목표
두 번째, 행동 결과에 대한 확실한 피드백
세 번째, 과제의 난이도와 실력의 균형

첫 번째, 분명한 목표가 있는 활동에서 몰입이 잘 일어난다.

하고 있는 일의 목표가 모호하거나 장기적일 때에는 몰입이 잘 일어나지 않는다. 너무 거창하고 원대한 목표보다는 그것을 이루기 위한 단기적 목표가 분명할 때 몰입이 쉬워진다. 예를 들어, 단순히 '살을 빼야겠다'는 목표보다 '3개월 안에 운동으로 5kg을 감량해야겠다' 라는 목표가 있을 때 몰입을 경험할 가능성이 더 높을 것이다. 명확한 목표가 있을 때 그 목표를 달성하기 위한 구체적인 계획도 세우게 되고, 실천도 가능하게 하는 것이다. 만약, 지금 하고 있는 일이 더뎌지고 있거나 진행이 잘 되지 않고 있다면 먼저 일을 진행하기 위한 명확한 목표를 정해 보자. 일을 하기 위해서 단기적으로 이룰 수 있는 목표는 무엇인가? 여기에서부터 몰입은 시작될 것이다.

두 번째, 즉각적인 피드백이 주어지는 활동에서 몰입이 잘 일어난다.

우리가 스포츠나 게임을 할 때 쉽게 몰입하는 이유는 추구해야 할 분명한 목표가 있을 뿐만 아니라 매 순간 즉각적인 피드백이 주어지기 때문이다. 즉각적인 피드백은 목표 달성을 위해 현재 자신이 어떤 위치에 있으며 어떤 행위를 해야 하는지를 분명하게 알려주는 기능을 한다. 이제 업무가 끝나고 스스로 피드백을 해보자. '어떤 부분이 잘되었고, 어떻게 하면 더 좋은 성과를 만들어낼 수 있을까?' 라고 말이다.

명강사 **김남희**

　세 번째, 몰입 상태를 촉발하기 위해서는 개인의 기술 수준과 과제의 난이도가 적절한 균형을 이루는 것이 매우 중요하다.

　분명한 목표와 즉각적인 피드백이 주어지더라도 너무 쉬운 과제는 몰입하기 어렵고 너무 어려운 과제는 흥미를 잃게 하거나 포기하게 만들기 쉽다. 따라서 어느 정도의 기술을 요구하는 도전적인 과제를 하게 될 때 몰입을 경험하기 쉽다. 내가 하고 있는 업무의 난이도를 높이고 지속적으로 작은 변화를 만들어 가는 것이 작은 긴장 속에서 몰입을 할 수 있는 방법인 것이다.

　자, 몰입할 준비가 되었는가? 하지만 일을 하다 보면 열심히 하는데도 성과는 오르지 않는 것 같고, 다른 사람들은 앞서 가지만 나만 정체된 기분이 들 때도 있다.

　대나무의 성장 이야기를 통해 나에 대한 믿음과 확신을 갖기를 바란다. 대나무에 씨앗을 뿌리고, 물과 거름을 주고 정성과 관심을 쏟아도 1, 2년이 지나도 싹이 트지 않는다. 그러다가 3년째, 죽순이 30cm정도 모습을 드러낸다. 1년이 더 지나서 4년째가 되어도 아직도 30cm이다. 그러다가 드디어 5년째 대나무는 폭발적인 성장을 한다. 하루에 1m씩 엄청난 성장을 한 번에 한다. 이러한 현상을 **퀀텀 리프**라고 한다.

> 퀀텀 리프는 양자가 에너지를 흡수해 다른 상태로 변화할 때, 서서히 변화하는 것이 아니라, 일정 수준에서 급속도로 변화하는 것을 의미한다.

대나무 씨앗이 5년 동안 세상 밖으로 싹을 틔우지 않기 때문에 멈춰있는 것 같고, 성장이 없는 것 같지만, 보이지 않는 5년 동안 땅속 깊은 곳에 뿌리를 내리면서 폭발적인 성장을 준비하고 있었던 것이다.

우리의 모습도 이와 같다. 잘 되는 순간도 있고, 정체되어 있는 순간도 있을 것이다. 그럼에도 포기하거나 좌절할 필요는 없다. 작은 노력들 하나하나가 모여서, 어느 순간 폭발적인 성장으로 나타날 것이기 때문이다. 10cm를 움직이는 애벌레가 10M를 가기 위해서는 결국 나비로 거듭나기 위한 번데기 시절이 필요한 것과 마찬가지이다. 최선을 다해, 스스로 자신의 일에 자부심을 가지고, 몰입하면서 우리 인생 매 순간순간을 의미 있게 만들어가다 보면, 어느 순간 최고의 전문가로 성장한 나와 마주하게 될 것이라 믿는다.

4차산업혁명과 SW코딩

김문식 박사

Profile

- 공학박사
- 행복경제포럼 상임대표
- 동서울대학교 겸임조교수
- 나눔CEO최고위과정 지도교수

4차산업혁명과 SW코딩

공학박사 **김 문 식**

　지금 우리 사회는 4차 산업혁명 (즉, 소프트웨어 중심사회)로 깊숙이 들어가고 있습니다. 하지만 우리들은 아직도 과거 2,3차 산업시대의 마음과 생각, 행동을 하고 있습니다.

　우리는 19세기 1,2차 산업혁명 때는 동학란, 조선멸망의 시대를 겪었으며, 20세기 2,3차 산업혁명 때는 한강의 기적으로 성공의 시대를 지냈으며, 그동안 산업화와 민주화를 겪으면서 경제적 불평등과 정부변동 갈등으로 극심한 혼란 속에 있습니다.

지금 21세기 4차 산업혁명시대(소프트웨어 중심사회)에는 제2의 기적을 이루어 행복의 시대로 가느냐? 아니면 과거 남미나 동남아시아와 같이 추락의 위기로 가느냐의 기로에 있습니다.

그동안의 우리사회는 물질이 보이는 것(하드웨어) 중심의 사회로 진행되어서, 보이지 않는 것(소프트웨어)에 대한 중요성을 인식하지 못하는 경우가 종종 있었습니다.

대부분의 보이는 것 중심의 산업은 지금까지의 연구개발로 기계(하드웨어)가 사람을 대신하게 되어 고용 없는 성장으로 이어졌습니다.

그러나 보이지 않는 것(소프트웨어)의 중요성은 과거 산업의 패러다임에서 새로운 산업의 패러다임을 창출하게 되어 새로운 산업과 새로운 일자리 창출로 이어집니다.

이것이 4차 산업혁명입니다. 이러한 보이지 않는 것 중심의 산업은 주로 소프트웨어 및 지능정보서비스 산업에 집중되어 있으며, 특히 소프트웨어 산업은 지능정보산업의 대표 중 하나입니다.

명강사 **김문식**

　최근 4차 산업혁명의 주인공으로 인공지능, 빅데이터, 사물인터넷, 모바일, 클라우드 컴퓨팅 등 지능정보산업 분야의 대부분이 소프트웨어 중심 산업입니다. 이 지능정보산업들이 로봇, 드론, 3D 프린팅 등과 융복합되어 네트워크로 연결하고 사물을 지능화합니다.

　소프트웨어 산업은 대부분 사람의 머리를 기본 노동력으로 하는 산업으로, 소프트웨어 산업의 육성은 청년세대의 고용창출을 유도 고용증대를 가져옵니다. 그리고 소프트웨어 산업은 주로 중소기업과 벤처기업이 많아서 고용창출효과가 다른 산업에 비하여 큰 것으로 나타납니다.

　중소기업과 벤처기업은 창업하기가 쉬워서 기업가 정신을 키우는 교육을 통하여 청년세대에게 창업을 유도할 수 있습니다.

　많은 수의 초기 창업기업이 시장 진입에 실패하고 소멸되지만, 이들에게도 정부 출연연구기관 같이 실패도 성과로 인정하는 시스템을 적용하여, 실패가 성공의 어머니로 인정되어지면 이들은 재도전에 재도전을 할 것입니다.

　SW코딩교육은 4차산업혁명에서는 필수과목으로 모든 소프트웨어를 만드는 기본을 배우는 과정이며, 컴퓨터적 사고로 창의적 문제해결을 할 수 있는 논리적인 방법을 배우고 익혀서 컴퓨터적 사고와 창의적 문제해결 능력을 향상시키므로 소프트웨어 중심 사회에서 최적의 판단과 행동을 하게 될 것입니다. 좀더 쉽게 표현하면 복잡한 문제를 쉽게 해결하는 방법을 배우는 것입니다.

즉, 4차 산업혁명의 모든 것은 SW코딩으로 통한다고 할 수 있습니다.

2018년부터는 초중고 학생들에게 SW코딩이 정규교과목으로 편성되어 교육을 실시합니다. 학교에서는 미래 직업 선택에 중요한 요소인 SW코딩 교육을 실시하므로 학생들이 대학 및 사회에서 합리적이며 창의적인 사고를 갖고 문제를 해결하는 소프트웨어적인 생각을 하는 사회인 및 직업인이 되기를 기대하고 있습니다.

"모든 것은 두 번 창조 된다." 라는 말이 있습니다.

우리는 무엇인가를 만들 때,
첫 번째는 마음에서 생각으로 창조하는 것이고,
두 번째는 실제로 만드는 것입니다. 이렇게 마음에서 생각을 바꾸면 모든 것이 새롭게 변화되고, 새롭게 만들어집니다.

현재의 4차산업혁명 시대에 사회적 갈등, 격차, 절벽 등 혼란과 격변 속에서 제2의 기적을 이루어 행복의 시대로 가기 위해서 과연 어떠한 생각과 마음을 가져야 하는지요?

사회의 자본을 보이는 자본과 보이지 않는 자본으로 나누어 보면 보이는 사회적 자본은 물적자본(자원)과 인적자본(인재)로, 보이지 않는 사회적 자본은 신뢰와 긍정심리의 자본(마음, 생각)입니다.

다음으로는 소통과 통합입니다.

이것 또한 보이지 않는 자본의 문제입니다. 신뢰와 긍정의 마음이 있다면 소통과 통합도 자연스럽게 되겠지요.

2018년 SW코딩교육이 초·중·고교에서 전면적으로 실시하면서 사회전반에 소통과 통합에도 긍정적인 영향을 미칠 것입니다. 그러나 정부의 소프트웨어 교육 확대와 강화에 필요한 강사가 절대적으로 부족하여 이에 대한 사전 준비가 시급한 문제가 되고 있습니다.

쉽게 배우며 새롭게 시작하는 SW코딩은 초·중·고 학생들만이 아니라, 청장년들도 배울 수 있습니다.

4050중장년의 초, 중, 고 학부모 또한 배울 수 있으며, 경력 단절 여성과 워킹 맘들에게는 교육기관의 전문교사, 방과후 교사, 사립학원

강사, 지역의 사회봉사 등 전문 강사의 길을 열어갈 수 있으며 실버세대에게는 치매예방과 어린 손자손녀와의 함께 놀이를 할 수 있습니다. 기관, 기업에서도 많은 인력이 필요하게 되고 코딩 콘텐츠 개발자 등 창업의 기회도 얻게 될 것입니다.

학생은 평소 다른 교과목에서 암기위주의 학습을 하였지만, SW 코딩교육은 암기하는 것이 아니라 컴퓨터로 해결할 문제를 학습 하고 능동적으로 해결방법을 찾아가는 학습을 하게 되는 것입니다.

학습하는 과정에 컴퓨터적 사고인 논리적인 사고와 창의적인 해결방법을 찾아내어 문제를 해결하므로 타인과의 소통과 통합의 정신도 배양하게 됩니다.

SW코딩을 할 수 있는 언어는 여러 가지가 있습니다. 6070세대에게 익숙한 코볼(COBOL)언어, 베이직(BASIC)언어, 4050세대에 익숙한 C, C++, C#, Java 그리고 최근에 Python, 그리고 비주얼 코딩언어인 스크래치, 엔트리 등이 우리가 알고 있는 코딩 언어들입니다.

일반적인 코딩언어는 배우는데 전문적인 지식과 노력이 절대적으로 필요하지만 최근의 스크래치, 엔트리, Python은 어린아이부터 어른까지 누구나 쉽게 코딩을 배울 수가 있는 비주얼 코딩언어입니다.

그리고 하드웨어의 작동과 연동 작업을 할 수 있는 아두이노 등이 있습니다. 로봇과 센서, LCD 등과의 연동작업으로 이를 작동시켜서 실행할 수 있도록 도와주는 도구입니다.

이처럼 최근에 해외에서는 SW코딩에 관심을 집중하면서 많은 언어와 도구들을 만들어 보급 확산시키고 있지만, 국내에서는 이제 시작점에 있으며 카이스트에서 엔트리를 만들어 사용 중에 있습니다.

비주얼 코딩 언어로 SW코딩을 학습하면 애니메이션, 과학 과제, 게임, 시뮬레이션 등 대화형 멀티미디어 프로그램을 만들 수 있습니다.

그리고 어려운 내용도 쉽고 간편하게 배울 수가 있습니다. 비주얼코딩언어는 인생에서 꼭 필요한 문제해결 능력도 길러줄 뿐 아니라, 코딩의 결과를 즉시 확인 할 수 있으므로 논리가 맞았는지 틀렸는지 쉽고 빠르게 알 수 있습니다. 그리고 프로그램의 구조를 한눈에 확인 할 수 있기 때문에 프로그램의 흐름을 읽고 구조를 정리하기도 편리합니다.

또한, 소프트웨어(SW)코딩은 지금까지는 대학에서 전공자들이 프로그램을 하였지만 비주얼 코딩언어가 빠르게 보급되면서 초,중,고 학생들과 일반인들도 프로그램을 쉽게 배우고 만들 수 있기에 SW코딩강사의 역할이 절대적으로 필요합니다.

물론 전공자들이 SW코딩 강사로서의 역할을 하면 더욱 빠르고 쉽게 양성이 되겠지만, 지금은 기업에서도 전문가가 부족한 현실입니다.

제4차산업혁명 즉, 소프트웨어 중심사회가 깊숙이 진행되어 가면 갈수록 소프트웨어의 중요성은 계속적으로 증가할 것입니다. 그리고 소프트웨어의 중요성이 증가되면 될수록 SW코딩교육은 더욱 중요하게 됩니다. 여기에 맞추어 SW코딩강사의 양성과 보급 또한 대단히 필요하다고 생각됩니다.

4차산업혁명 시대 즉, 소프트웨어 중심사회에서 SW코딩의 중요성은 충분히 인식되어지며, 이를 확산하기 위한 SW코딩 강사의 비전은 매우 희망적으로 보입니다. 감사합니다.

나의 사명서

김용진 박사

Profile

- 서울교육대학교 교원연수원 겸임교수 / 교육심리학 박사 / 노벨상 후보 2회 추천
- 前국가안전기획부 교수 / 영재지도교사 교육, 중·고·大學 및 공기업 출강
- 대한민국 국회 나눔CEO 최고위과정 원장 / 세계전뇌학습아카데미회장 / 세계大百科사전등재
- 저서 : 초고속전뇌학습법, 속독법 등. 日語, 中語, 英文版 31종
- 국내 : KBS1.KBS2,MBC,SBS,YTN.MTN,MBN,PBS TV보도 및 특강
- 국외 : 日本 NHKTV.후지TV, 中京TV, 中國 CCTV, 美國 CNN TV보도
- 장영실과학문화상, 글로벌新知識人, 신창조인대상, 大韓民國성공대상, 韓國인물대상

나의 사명서

세계전뇌학습아카데미 박사 **김 용 진**

노벨상 100명 만들기 프로젝트

2007년 스위스 취리히 대학의 토마스 폴켄박사 연구논문에 세계 180개국 IQ 검사결과, 국민평균 IQ 세계1위 한국(106), 2위 북한과 일본(105), 4위 대만, 5위 독일… 12위 중국(100)… 21위 미국(98) 등으로 이어졌다. IQ가 가장 높은 우리는 노벨상 수상에서 세계 49위이다. 김대중 대통령이 2000년에 노벨 평화상을 받았다. 따라서 우리나라도 노벨상 반열에 순위 49위로 등재되었다.

우리 민족은 세계최초로 금속활자, 한글창제, 장영실 자격루,

2017年 대한민국 명강사 22人

첨성대 등을 발명해서 과학분야에서 탁월한 우수성을 나타냈지만 아직 과학분야에서 노벨상은 없다. 반면 유대인의 국민평균 IQ는 94이며, 인구 1300만 (전 세계의 0.2%) 이지만 노벨상 수상자의 23%를 차지했다.

이렇게 노벨상 수상을 하게 된 원천은 토론식 교육이다. "학자가 초대되지 않은 식탁은 하느님의 축복을 받을 수 없다."라는 말은 유대인의 학자 존경 풍토를 잘 보여준다. 그들은 학습을 뜻하는 '탈무드'교육을 통해 지혜를 배워가는 것이다. 필자의 <세계전뇌학습아카데미>의 교육목표도 바로 '노벨상 100명 만들기'다

학습법의 세계통일의 꿈 실현. 전 세계인의 전뇌를 계발 인류평화를 이룰 수 있도록 연구, 계발, 보급에 전념한다.

이 시대가 바라는 인재상은 인류를 진보시킬 수 있는 '창조적 인재' 일 것이다.

창조력을 발휘하기 위해서는, '좌뇌', '우뇌', '간뇌'를 계발해서 사용해야 한다.

좌뇌는 지성의 뇌 : 계산, 분석, 비판, 논리적,

명강사 **김용진**

우뇌는 감성의 뇌 : 공간, 직관, 음악, 창의, 예술적,
간뇌는 영성의 뇌 : 신진대사, 성호르몬과 성장호르몬 분비 촉진, 예감, 예지, 투시, 텔레파시, 초상상력을 가능케 한다.
현재 모든 교육은 좌 우 뇌 훈련에 치중되어 있다.

우리 뇌를 좌 우 간뇌까지 계발시켜 전뇌유형으로 만들어야 한다.

역사적인 전뇌형은 이순신 장군이다. 난중일기를 하루도 빠짐없이 썼다는 것은 좌뇌 성향, 한산도 전투 시, 학익진전법(학이 날개를 편 듯 치는 진)으로 왜적을 물리친 것은 우뇌 성향. 선조 임금의 어명을 거역한 것은 선조 임금보다 미래예측 능력인 간뇌가 발달한 것을 보여준다.

초고속 시대를 맞이하여 본학습의 효과는 계속 검증되고 있다. 초고속 전뇌학습을 만난 79세 김말순 어르신은 2016년 S대 심리학과에 입학하였고, 로스쿨 도전한 서지은학생은 당당히 합격하였으며, K대 법대 홍기표군은 5개 학기 A+ 수석으로 졸업을 하는 기염을 토해냈다. 또한, 원세현(28세)은 서울시 공무원 합격, 지난 1월에 배운 고2 김세나학생은 처음으로 전교 수석(평균98점), 호주에서 직장생활하다 작가의 꿈을 안고 귀국한 유재학씨는 영어책 1,200권 포함 1년 동안 5,600권의 책을 읽고 세계최고기록 상금을 받았다.

많은 학생과 수험생들이 성과를 보여주고 있는 모습이다. 하루 빨리 이 초고속전뇌학습법이 교육제도권에 도입되면 사교육을 없애고 공교육을 정상화 시킬 수 있다. 또한 지금 정부는 저출산 문제로 출산장려정책을 세우고 있다. 이 학습법을 받아들인다면 수입의 30%이상 지출하는 사교육비 부분이 해결되어 출산률을 높일 수 있는 유일한 방법이라고 필자는 확신한다.

교육이념인 인간사랑, 자연사랑, 책사랑, 평생공부, 즐거운 인생

1. **인간사랑** : 인간이 인간을 사랑하는 것은 당연지사라 人자처럼 사람은 나눔과 베풀면서 더불어 사는 것이다.
2. **자연사랑** : 자연은 우리 인간과 떨어질 수 없는 하나다. 그래서 인간은 소우주라고 하지 않는가?
3. **책사랑** : 책에는 지식과 교양, 정보 지혜를 배울 수 있는 하나의 도구다.
4. **평생공부** : 우리 인간은 배우기를 내려놓는 순간부터 뇌가 늙기 시작해 건강까지 나빠진다.
5. **즐거운 인생** : 이 지구에 인간으로 태어난 것이 참 행복이고 서로 협력하고 창조하는 인생은 정말 즐거움이 아닐까?

세계적으로 가장 유명한 발명가는 에디슨이다. 그 업적은 인류사에 길이 남을 위대한 것이다. 학습 분야에서도 에디슨에 필적하는

명강사 **김용진**

놀라운 발명품이 있으니 바로 좌뇌, 우뇌, 간뇌의 전뇌를 계발해 학습에 적용하는 타인주도학습법이 아닌 자기주도 학습법인 초고속전뇌학습법이다. 인류에 물질문명의 편리함을 제공했다면 본 학습법은 학습자들의 독서와 공부의 힘든 과정을 해방시키는 효과적인 자기주도 학습법을 제공한다.

인생을 짧고 읽어 보야 할 책은 많다. 그리고 공부는 끝이 없다.

즐거운 인생은 나의 지식과 창의력을 발휘하여 우리 인간과 자연의 도움을 주워 더불어 사는 세상을 만들어야 한다. 사회에 일조를 하기 위해 발전과 성장을 도모하고 있다.

가족과 회사와 사회가 행복한 삶을 추구할 수 있도록 최선을 다한다.

세계적인 부호 워렌버핏에게 기자가 어떻게 부를 축적했냐고 물었더니, "오늘도 큰 행운이 나에게 오고 있다고 생각한다. 나는 지금까지 무엇이든 안 된다는 생각을 해보지 않았다."라는 그 한 마디였다. 정주영회장에게 기자가 "자서전에는 아침 소풍 가는 기분으로 일어난다고 했는데 골치 아픈

일이 쌓여 있는데도 소풍가는 기분입니까?" 하고 물은즉 나는 "골치 아프고 힘든 일이 쌓였을 때 그 일을 해결했을 때의 기쁨과 행복함을 생각하며 출근을 한다."고 했다.

소통을 만사형통이라고 한다.
부부, 가정, 직장, 사회, 국가로 소통되어야 한다.
미소는 소통의 첫 단계이며, 세계 공통표현이다.

돈 안 들이고 베푸는 방법이다. 어린아이는 하루 400번 이상 미소 짓는다. 나이가 들면 웃음이 적어진다. 입 꼬리가 10시 10분이 되도록 연습하자. 그러면 건강과 함께 복이 온다. 회사의 직원들에게 언제나 교육하고 있으며 직원 한 사람 한 사람 건강과 복이 함께 올 수 있도록 그리고 세상에서 가장 아름다운 꽃인 웃음꽃을 가정에 가꾸도록 교육하고 있다

나의 인생철학은 꿈, 도전, 성공, 환원이다.
도전정신으로 성공하고 환원하는 것을 원칙으로 한다.

인간은 꿈을 그것도 큰 꿈을 가져야한다.

그렇다면 오늘의 문제는 무엇이냐?! 바로 도전하는 것이다!

명강사 **김용진**

내일의 문제는 무엇이냐? 성공하는 것이다!
모든 날의 문제는 무엇이냐? 환원하는 것이다!

*내가 환원해서 도운 사람이 큰 꿈을 이루게 되면
그것이 곧 내 자신이 인생성공한 것과 같다.*

필자는 학생 때 1년 동안 아르바이트를 해서 벌었던 돈 전부를 30대 아저씨에게 드렸다. 그 후 그 분은 작은 빵집을 차릴 수 있었고 나중에는 더 큰 제과점으로 발전 시켰다. 또, 필자는 현재 매년 초, 중, 고, 대학생을 대상으로, 장학금 1,000만원을 주고 있다. 이 상은 전교 1등에게 뿐만 아니라 일취월장상이라고 해서 성적이 크게 향산된 학생에게도 수여하고 있다. 또, 독서의욕을 고취하고 독서생활화를 통한 국민 삶의 질 향상을 위해 1년 동안 365권 이상의 책을 독파한 독서왕들을 선별해서 상금 1,000만원을 수여하고 있다. 이렇게 나눔을 실천하는 이유는, 환원이야 말로 마음을 편안하게 해주어 몸을 건강하게 만들 뿐만 아니라 삶을 행복하게 만들기 때문이다.

*나의 평생 꿈인 특수학교를 설립하여
우수인재 및 후진양성 진력한다.*

초고속전뇌학습법을 원천으로 한 특수학교를 설립하는 것이 꿈이다. 결혼을 앞둔 신랑신부의 교육과 태전교육, 태교 10개월,

영육아 및 초, 중, 고, 대학생, 일반인등 출생 전부터 100세 이상까지 평생교육 훈련을 할 수 있는 시스템 구축하여, 그 특수학교에서 많은 우수한 인재를 창출하는 데 그 목적이 있다. 따라서 이 사회 국가에 이바지 할 수 있는 인재를 육성해서, 다 같이 잘 사는 사회 나아가서 세계평화를 이룩하고 싶다. 그리고 **노벨상 100명 만들기 프로젝트**가 또 하나의 목표이며 꿈이다.

도전은 행복한 인생의 출발이다.
도전은 강한 빛과 같은 에너지다.
도전은 육체, 정신, 영혼의 힐링이다.
도전은 큰꿈을 이루게 한다.
도전은 인생의 완성이다.

남은 인생을 여정으로 후진양성에 총 매진 할 것을 뇌에 계속 명령하고 있다. 죽고 나서 묘비에 이렇게 쓰이길 바란다. '속독법과 초고속 전뇌학습법을 개발하여 세계인들이 매일 책 한 권 이상 읽게 해 주었고, 학생을 공부에서 해방시켜 주고 갔다.'라고...

삶을 살면서 큰 꿈을 꾸자. 도전하고, 성공하고,
세상에 환원하자. 그것이 진정 성공이고 행복이다.

Trendsetter(유행선도자)

김초아 대표

Profile

- 현)혜윰대표
- 현)현대자동차 그룹 전임 퍼실레이터
- 현)KPC 한국생산성본부 전문 위원
- 현)K-brain 전문 위원
- 현)신세계 백화점 퍼스널 브랜딩 전임 강사
- 전)신세계 패션연구소 영업관리

Trendsetter

혜윰 대표 **김 초 아**

  2017년 3월 15일에 통계청이 발표한 조사에 따르면, 우리나라의 최근 실업률은 2009년 이후 최고치인 4.9%를 기록했다고 전했다. 그러나 우리는 단편적인 실업률의 수치가 아니라 인간의 삶에서 중요한 비중을 차지하고 있는 일자리의 변화가 일어나고 있다는 것을 주목해야 한다.

  소니, 노키아, GM 등 언제나 굳건할 것만 같았던 일류 기업이 한 순간에 무너지고, 우리가 여태까지 너무나 당연하게 생각했던 기업들의 대다수가 2020년에 사라질 수 있다는 전망이 뉴스 및 신문 기사를 통해 계속적으로 쏟아지고 있다.

경제학자 존 케네스 캘브레이스는 저서 '불확실성의 시대'를 통해 앞으로 사회를 주도하는 지도원리가 사라진 불확실한 시대가 도래할 것이라고 주장한 바가 있다. 세계적인 경영 컨설팅 기업 맥킨지(McKinsey)는 오늘날 세계 경제가 처한 상황을 'VUCA' 키워드로 묘사하면서 향후 이러한 트랜드가 수년간 지속될 것으로 전망했다.

VUCA란 변동성(volatility), 불확실성(uncertainty), 복잡성(complexity), 모호성(ambiguity)의 머릿글자를 조합한 단어로, 본래 1990년대 미국 육군대학원에서 냉전 종식 이후 변동성이 크고, 불확실하며 모호해진 세계정세를 표현하는 군사용어로 처음 사용되었다. 그러나 이후 다양한 경제 사회 용어로 확대 적용되었다. 최근에는 기업이나 정부, 군 등에서 현재 상황 인식과 계획 수립, 리스크관리 등 리더십 전략과 관련해 자주 인용되고 있다.

저명한 경영컨설턴트들은 VUCA 시대는 기존의 경영전략으로는 치열해진 국제경쟁시대에 살아남을 수 없기 때문에 강력한 기업혁신과 구조조정이 요구된다고 강조한다. 그만큼 돌발적이고 불확실성이 커졌다는 것을 의미한다. 지난해 영국의 브렉시트를 시작으로 유럽 각국에서 불고 있는 반 이민정책에 편승한 자국 이익 중심주의와 미국 우선주의(America First)를 내세워 대통령에 당선된

명강사 **김초아**

트럼프 시대의 개막이 대표적 사례로 볼 수 있다. 이른바 VUCA 시대는 위에서 언급한 4대 불안요소에 발 빠르게 대응할 창의적이고 혁신적인 전략이 필수적이다. 강사는 누구보다 먼저 변화를 받아들이고, 교육에 반영해야한다. 강사로서 처한 상황을 직시하고 미래를 향한 전략을 새로 수립한다면 위의 불안 요소에 대한 위험은 감소한다. VUCA 시대의 불확실성은 결정되지 않은 미래에 대한 상상력과 기대를 갖게 하고, 새로운 도전과 열정의식을 불러일으킨다. 강사는 본인이 중요시하는 가치관을 중심으로 변화무쌍한 시대에 교육을 통해 다른 이의 변화를 주도하고 발전에 이바지해야 한다. 아무리 세상이 빠르게 변화해 당장 내일이 어떻게 될지 모른다고 하지만 인류는 여태까지 그래왔듯이 변화에 적응하면서 또 다른 발전을 할 것이다. 강사는 그 변화의 중심 속에서 새로운 도전을 기꺼워하며 누구보다 열정적으로 변화에 적응해 갈 것이다.

교육 아웃소싱 전문가

몇 단계의 결재를 거쳐 의사결정이 이루어지는 수직적인 시스템은 급변하는 시장의 트렌드와 소비자의 욕구에 대응하는 데 적합하지 않다. 이러한 시장 트랜드에 따라 다운사이징과 아웃사이징이 탄생했다. 다운사이징은 사내의 인원을 감축해서 회사의 몸집을 줄여 시장의 변화에 맞는 탄력적 경영이 가능하게 하는 것이다.

기업이 정상적으로 운영되기 위한 최소한의 형태만 유지한 채

나머지 혹들을 떼어내는 것이 다운 사이징의 관건이다. 성공적인 다운사이징을 위해서는 반드시 그 빈자리를 채워야 하며, 이때 필요한 것이 바로 아웃소싱이다. 아웃소싱은 기업이 자신의 핵심 분야에만 집중하여 경쟁력을 키우고 그 외의 분야는 그 분야의 전문 기업에게 맡기는 것을 뜻한다.

미국의 다국적 기업인 Procter & Gamble(이하 P&G)은 다운사이징과 아웃소싱 전략을 성공적으로 적용한 사례로 꼽힌다. P&G는 양초와 비누를 만드는 작은 제조회사에서 시작해서 세제, 샴푸, 기저귀 등 매우 다양한 제품군을 새롭게 연구하고 개발해 성장한 회사이다. 그러나 시장이 점점 예측하기 어려워지고 경쟁이 치열해지면서 P&G는 R&D 부서를 부분적으로 아웃소싱하기로 결정한다. 이 결정은 결과적으로 신제품 개발에 대한 효율성을 60% 증가시키는 계기가 되었고, R&D 아웃소싱을 통해 400개 이상의 신제품을 개발하여 100억불 상당의 수익을 벌어들였다. 현재 P&G는 아웃소싱의 비중이 크게 높아져, 신제품의 절반가량을 아웃소싱을 통해 개발하고 있다.

기업의 교육역시 마찬가지다. 많은 기업들이 교육과정 개발을 전문으로 하는 아웃소싱 업체들과 함께 일하고 있다. 수많은 교육 아웃소싱 업체 속에서

명강사 **김초아**

살아남기 위해서는 명확하고, 논리적인 분석이 필수적이다. 그러나 현존하는 교육기관들이 논리적인 분석대신 교육담당자의 단편적인 이야기에 집중한다. 대부분의 교육담당자들이 하는 이야기는 비슷하고, 모호하다. 직원들에게 교육이 필요하지만, 어떻게 교육하고, 어떤 것들이 진정으로 필요한지는 그들도 정확하게 알지 못하는 경우가 많다. 그러나 강사는 교육에 임하기전 그들이 왜 교육을 하는지 분석해야한다. 교육을 하는 이유, 교육 후 회사에서 직원에게 원하는 효과, 현재 기업이 가지고 있는 상황, 교육생들의 특징, 현 기업의 SWOT 등을 분석하여 교육에 임해야한다. 이러한 분석 없이 교육 담당자의 말만 듣고 교육을 진행한다면 교육생들에게 '재미는 있었지만, 무엇을 배웠는지 모르겠다.', '강사가 뜬 구름 잡는 이야기만 하고 갔다. 전혀 현실적이지 않다.'와 같은 신랄한 피드백을 받을지 모른다. 전문 교육 아웃소싱으로 성공하기 위해서는 기업에 대한 분석이 최우선으로 행해져야 한다. 그래야 지금과 같이 변화가 많은 시장에서 기업과 교육 아웃소싱 전문가로 Win-Win 할 수 있다.

당당함과 유연함을 지닌 전략가

사회와 기업이 필요로 하는 훌륭한 인재를 키우는데 있어서 교육처럼 중요한 요소는 없다. 과거부터 현재까지 우리나라의 교육 시스템은 대입 시험을 목표로 하는 획일적인 방식이었다. 고등학생들의 목표는 오로지 명문대 진학이었다. 명문대 진학은 졸업 후

안정적인 취업을 어느 정도 보장했기 때문이었을 것이다. 그러나 현재는 안정적인 삶의 보증수표였던 명문대 졸업장이 남들보다 더 좋은 삶의 질을 보장해주는 시대가 아니다.

최근에 한국교육개발원이 발표한 자료에 따르면, 우리나라 4년제 대학 졸업자 취업률이 3년 연속 하락세를 보이고 있다고 한다. 물론 이러한 결과는 장기적인 경제 불황으로 인한 기업의 채용인원 감소와 같은 이유 역시 작용했다고 볼 수 있다. 이는 전 세계 글로벌 경제의 성장률이 정체되고 있으며 이로 인하여 글로벌 총 요소 생산성 증가율 하락이 계속되고 있기 때문이다.

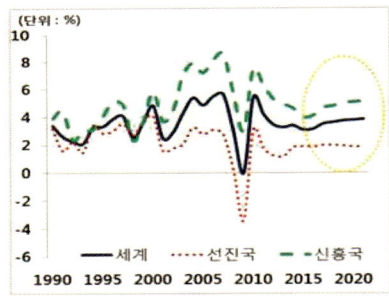 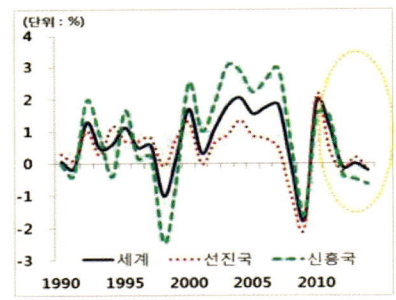

[그림 Ⅰ-1] 글로벌 경제성장률 추이   [그림 Ⅰ-2] 글로벌 총요소생산성 증가율 추이

〈출처: IMF, World Economic Outlook Database, April.2016〉
〈출처: The Conference Board. The Conference Board Total Economy Database〉

때문에 고용 시장 자체는 앞으로 더더욱 얼어붙게 될 것이다. 이와 같은 흐름이 단시간 내에 그칠 것도 아니고 그 영향력은 다양한 산업들에게 미치게 될 것이다.

명강사 김초아

앞으로의 직업은 로봇과 인공지능이 대거 대체할 것이다. WEF에 따르면 2015년부터 2020년까지 일자리가 가장 많이 사라지는 직업군은 사무 및 행정(475만 개)분야인 반면, 일자리가 가장 많이 생기는 직업군은 사업 및 재정 운영(49만 개)이라고 발표했다.

[표 I] 2015년~2020년 직업별 순고용 증감율   (단위: 천 명)

감 소		증 가	
사무 및 행정	4,759	사업 및 재정 운영	492
제조 및 생산	1,609	경영	416
건설 및 채굴	497	컴퓨터 및 수학	405
디자인, 스포츠, 미디어	151	건축 및 엔지니어링	339
법률	109	영업 및 영업관련직	303
시설 및 장비	40	교육 및 훈련	66

<출처: WEF>

기술의 변화로 인해 선진국과 신흥국을 포함한 15개국에서 약 200만개의 일자리가 창출될 것으로 예상하지만 단순직을 중심으로 약 700만개의 일자리가 줄어들 것으로 예측되었다. 우리는 앞으로 저성장과 인구 구조의 변화 그리고 기술빅뱅의 현실에서 살아갈 것이다.

우리나라는 전 세계 로봇밀도 1위이자, 가장 빠른 속도로 초고령화 사회로 진입하고 있다. 빠르게 진행되고 있는 변화에 교육을 활용하는 것은 최고의 전략이다.

물론 강사 혼자서는 이 모든 것을 해낼 수 없다. 그러나 변화에 대한 적응을 우선시 하는 기업 및 정부의 정책적 지원이 뒷받침 된다면 최고의 시너지를 낼 수 있을 것이다. 때문에 강사는 누구보다 먼저 변화를 받아들이고 당당하고 유연하게 대처해야한다.

인간의 일이라는 것은 국가 경쟁력의 핵심이자 삶의 중요한 가치라고 할 수 있다. 강사는 이런 일자리가 앞으로 어떻게 변하게 될 것이며, 필요한 역량이 무엇인지, 이런 변화에 무엇을 준비해야 할지를 누구보다 먼저 알고 당당하고 유연하게 대처 할 수 있어야 한다.

인생에서 가장 행복한 '지금' 집중하라.

김혜경 회장

Profile

- 국민사랑연합대표
- 한국성문화센터 대표
- 대한민국성(性)문화포럼 회장
- 한국범죄예방국민운동본부 지도교수
- 안산취업정보대학 학과장

인생에서 가장 행복한 '지금' 집중하라.

국민사랑연합 회장 소연 김혜경

얼마 전 서울지방경찰청에서 강의를 했다. 그날 아름다운부부의 소통을 주제로 성과인문학의 만남 강의를 2시간 했었다. 강연장의 열기는 늘 활기차지만 특히 그날은 보약을 한사발마시고 나온 듯 에너지를 받고 돌아왔다.

퇴근 후 핸드폰에는 모르는 번호가 두 번씩이나 찍혀있어 걸어보았더니, 다름 아닌 낮에 지방청에서 강의를 들으신 분인데 50년 이상 살면서 풀리지 않았던 인생문제를 강의를 통해 풀리기 시작했다면서 울고 웃는 감동의 시간이었다고 했다.

타인 앞을 밝히면 내 앞이 밝아진다.고 했던가? 그 순간은 수퍼 힐링이 되는 시간이다. 감사하고 또 감사하다.

강의를 하게 된 계기는 지금으로부터 약 15년 전 큰아이가 초등학생이었을 때 아이와 선생님을 위해 무엇을 할 수 있을까? 라는 생각에서 시작한 것이 지금에 이르게 되었다.

처음에 상담 공부를 하기 위해 상담소를 갔고 그곳이 장애인 가폭·성폭 피해자를 위한 상담소였는데 마침 강사양성과정을 하고 있었다. 강의에 소질이 있다는 소장님의 피드백에 망설임 없이 시작하였고, 이후 장애인학교 성교육을 시작으로 초·중·고 대학 성인대상 성교육 및 성희롱·성매매 예방교육을 열심히 하였다.

그 당시 난 더 많은 것을 배우고 나누기 위해 대학원 진학을 했으며, 그때, 노인의 성에 대한 연구를 시작하였고, 마침내 2005년 '노인의 성'에 관한 질적 연구로 석사논문을 썼다.

지도교수님은 '노인이 무슨 성이 있느냐, 노인의 성은 무덤에나 가서 찾아야 한다며... 그것도 질적연구 라니'... 못할꺼라고 하시며 주제를 바꾸라고 하셨다. 다른 두 분의 교수님 생각도 크게 다르진 않았다. 그런데 누구의 지지도 받지 못하고 공감도 안 되는 상황이었지만 논문을 쓰는 동안 내내 난 희열을 느꼈다. 이유인즉 나만 알고 있다는 생각이 들어서…

내용을 조금 소개하면 "여자는 그거 죽을 때 까지 할 수 있어"라고 말씀하시는 78세 할머니(내담자), 인생 살면서 66살에 지금의 할머니와 재혼하고 3백만원 들고 전국을 다니면서 밥 먹고 사랑하고 밤낮으로 사랑만 했던 그 시절이 그리워 그때가 젤 좋았어 라고 말하시는 80대 할아버지는 지금도 하고 싶은데 할머니가 의지를 안내신다는… 그래서 속상하다고…

에어로빅강사인 50대후반여성의 연하남과의 짜릿한 외도 스토리, 부인과 애인을 동시에 사랑하고 있는 90대 할아버지, 100여분도 훨씬 넘는 어르신들을 만나면서 분명 노인의 성은 무덤속이 아니라 살아 움직이고 있음을 확신 할 수 있었다.

오래전에 미망인이 되신 할머니는 이젠 이성친구 하나쯤 있었으면 하는데 아들이 첫째 손주에 이어 둘째도 봐달란 말에 극스트레스를 호소하시는 61세 할머니는 이젠 손주 그만 보고 싶다고 하셨고, 전립선비대증이 있음에도 불구하고 이성친구를 간절히 원하시는 70대 할아버지, 70이 훨씬 지났지만 사랑받고 싶다는 할머니…

상담하는 내내 안타까운 마음뿐이었지만, 최선을 다해 그들의 행복을 빌었고 희망을 상담해드렸다. 누군가가 그들의 이야기를 긍정적으로 들어준다는 사실에 그들은 행복해 했다. 그래서 필자는 사명감에 불타 논문을 잘 마무리 할 수 있었던 것이다.

프로이드는 말한다.
사람은 태어나는 순간부터 죽는 순간까지 성적인 존재다. 라고.

이 시대 아들딸들이여!
우리의 부모도 성적인 존재임을 기억해주시길…
또한 중년 이상인 우리들 자신도 성적존재임을 인정하시길…

또 다른 사례이다.

불화가 끊이지 않는 노부부는 술 마시고 냄새 풍기며 옆에 오는 할아버지를 거부하는 할머니 때문에 지옥이라는 할아버지의 불만 불평이다. 할아버지의 이유 있는 음주는 60이 넘어서 주책이라고 할까봐 술에 취해 할머니에게 접근 했고, 할머니는 술에 늘 취해서 옆에 오는 할아버지가 싫었던 것이다.

안타까운 것은 건강함을 서로 칭찬해야 할 일인데 할아버지 자신이 스스로 성에 대한 수치감을 가지고 있어 당당하지 못하기 때문이다. 노년의 성이 환영 받지 못하는 이유이기도 하다.

명강사 **김혜경**

이것은 노인뿐아니라 중년도 마찬가지이다. 이제부터라도 의식을 바꿔야 한다. 건강함에 감사하고 고마워하는 마음으로 그리고 그 마음을 서로 나누는 것  이다. 전남 진도군 접도면 남망산에는 이를 대변하기라도 하듯 '**체력은 정력이다.**'란 표지석이 있다.

중·노년이야말로 지나온 세월 서로 칭찬하며 아껴주고, 아름답게 당당하게 마음껏 사랑할 때이다. 함께 호흡하고 있는 것만으로도 이것은 축복인 것이다. 상담이 마무리되어 서로 오해가 이해가 된 노부부는 두 손 꼭 잡고 집으로 가셨다.

강의의 3원칙 '재미' '감동' '변화'를 목표로 많은 분들의 변화를 보아왔지만 최고의 수혜자는 필자임을 확신한다.

누군가에게 조금이라도 도움이 되기 위해 시작한 일(공부)이 스스로를 성장시키는 동력이 되었다. 필자는 어떤 드라마보다도 필자의 인생 드라마가 가장 설레고 감동이며 기대가 된다. 나를 알아가는 것 이상의 유의미한 것은 이 세상에 없기 때문이다. 공자(孔子)는 50세에 지천명(知天命)이라 했다. 즉, 인간 50세가 되면 하늘의 뜻을 알게 된다는 말이다. 필자 50세가 되어 보니 지천명(地天命)이더라.

인생에서 가장 행복한 '지금' 집중하라.

즉, 땅과 하늘의 뜻을 알게 되더라. 그래서 우린 늙어가는 것이 아니라 아름답게 익어가는 것이다.

강의는 변화된 강사의 흔적을 보고 감동하고, 학습자 스스로가 변화에 참여하도록 동기와 장면을 제공하는 일이다. 그래서 강의는 가르치는 직업이 아니라 배움 그 자체이고, 세상을 바꾸게 하는 귀한 사명인 것이다.

사명이란 '목숨(命)을 사용한다(使)'는 뜻이다.

세상에서 오직 하나밖에 없는 자신의 목숨을 사용하여 인생을 어떻게 살아야 하는가? 한 번의 기회뿐인 삶에서 자신과 사회를 위하여 능력의 날개를 마음껏 펼쳐 뒤돌아보면 한 치 후회 없는 삶을 살아야 한다. (이께다 다이사쿠)

후회없이 어떻게 살것인가?

필자가 가장 좋아하는 작가 중 한사람인 러시아 대문호 톨스토이는 성장과 죽음을 말했는데,

톨스토이의 성장이란?
'성찰과 학습을 통해 자기완성에 도달하는 과정'이며, 내가 나를 알고 이해하고 나 자신과 훌륭한 관계를 맺으면서 더 나은 최선의

명강사 **김혜경**

나를 만들어 가는 것, 즉, '자신의 내면으로 깊이 들어가는 것'이며, 또한 나를 알기위해서는 너가 있어야 한다. 너 위에 비쳐진 나를 보는 것이다. 그러므로 나와 나와의 관계, 또 나와 세계와의 관계를 바르게 정립하는 과정이 성장이다.

> 우리에게 기쁨을 주는 것은 진리 그 자체가 아니라
> 진리에 도달하기 위해 우리가 기울이는 노력이다.
> - 톨스토이 (인생의 길 中) -

필자는 이번학기에 노인대학에서 '아름다운 우리의 인문학' 강의를 한다. 어떤 강의와 겹쳐도 최우선순위에 두는 이유는 내 가슴을 뜨겁게 하기 때문이다. 물론 더욱 충실하기 위해 김용진박사의 전뇌학습도 진행 중이다. 바로 성찰과 학습을 통해 자기완성에 도달하는 과정이기 때문이다.

그리고 필자의 강연에 함께한 청중들은 1회 무료 봉사 상담을 실시하고 있는데 강의 후 최소 2명이상은 연락이 온다. 다양한 사연들이 많지만 상담 후 변화하는 그들의 모습을 볼 때 삶의 보람을 느끼곤 한다.

오늘도 나는 성장 한다 고로 존재한다. - 소연 김혜경 -

사람은 자기 인생 드라마의 각본가이자 주인공이다.
누군가가 각본을 써 주지 않는다.
자신이 쓰고 자신이 배우로서 연기한다.
모두 자신이 만드는 인생이다.

벚꽃은 벚꽃대로,
매화는 매화대로,
그 모습 그대로가 가장 아름답다.

인간도 마찬가지여서
누구 하나 사명이 없는 사람은 없다.
희망만 잃지 않는다면
그 사람만이 가진
가장 찬란한 빛을 발하면서
자기다운 인생을 살 수 있다.

- 이께다 다이사쿠 -

성장을 위한 가르침 '사명'

박미진 대표

Profile

- 현) 드림온HRD컨설팅 대표
- 숙명여자대학교 교육학 박사과정
- 경희대학교 언론정보대학원 전략커뮤니케이션과 석사
- (주)Amway KOREA 서비스강사
- 한국리더십센터 전임강사
- CJ케이블넷 아나운서
- KBS, TBS 리포터

성장을 위한 가르침 '사명'

드림온HRD컨설팅 대표 **박 미 진**

　누구나 마음을 표현하는 일은 쉽지 않을 듯하다. 복잡·미묘한 마음가짐을 함축해 설명하기란 더더욱 어려운 일이다. 하지만 우리가 마음으로만 간직하고 있는 것과 표현하고 정의 내려진 마음가짐에는 큰 차이를 보인다. 주어진 임무를 잘 수행하려는 마음가짐을 '사명'으로 두고 그 마음가짐을 글로 표현하자면 3가지로 정리할 수 있을 것이다.

첫째, '사명'의 본질,
둘째, '사명'의 키워드,
셋째, '사명'의 과정 등이 이에 해당한다.

좌우명처럼 지극히 개인적이지도 않고, 책임감처럼 포괄적이지도 않으며, 가치관처럼 올곧지만은 않은 '사명'에 대한 단계를 3가지로 나눠 풀이해보고자 한다.

'사명'의 본질

사명의 뜻은 '맡겨진 임무'에 대한 것으로, 사명에 대한 근본적인 의미를 찾는다면 '우리는 왜 이 땅에 존재 하는 가'라는 질문의 대한 대답으로 설명할 수 있다. 이는 우리의 존재 의의가 사명을 뜻함을 알 수 있는 것이다. 그런 의미에서 사명은 그에 대한 여러 가지 질문을 낳기도 한다.

즉,
- 나는 왜 이 자리에 있는가?
- 나는 왜 이 일을 하고 있는가?
- 나는 왜 이 회사를 다니고 있는가?

이렇듯 사명은 그 본질에 대한 수없이 많은 질문으로 이어질 수 있다.

그렇다면 여기서 사명의 본질을 찾는 것에 대한 중요성을 말하지 않을 수 없다. 의미 없는 날들에 대한 보상으로 본질의 의미를

명강사 박미진

찾아 나선다면, 우리가 찾는 사명에 대한 마음가짐을 다질 수 있는 그런 기회를 맞이하게 될 수도 있을 것이다. 이러한 결과는 나의 성장은 물론이고 회사의 성장, 더 나아가 내 주변 모든 것들에 대한 더불어 가는 성장의 의미로 이어질 것이다.

일을 하면서 가장 중요한 능력은 무엇일까? 통찰력, 추진력, 전략적이고 효율적인 업무 처리 능력 등 현대 사회에서 요구되어지고 있는 수많은 능력 중에서도  많은 사람들은 사람의 마음을 얻는 기술을 최우선으로 꼽고 있다.

하지만 동화 속 어린왕자가 말했듯,
세상에서 가장 어려운 일은 '사람의 마음을 얻는 일' 이라 해도 과언이 아니다.

이에 대한 확장에 대한 의미로써 사람의 마음을 얻는 일에 대한 기술은 상대가 얼마만큼 자신의 본분을 지켜나가면서 흔히 말하는 자신의 뚜렷한 가치관과 책임감을 가지고 셀프파워를 키워나가느냐에 따라 달라질 수 있다고 본다. 이러한 셀프파워의 강력한 힘은 자기 몰입에서 나오는 에너지이라 할 수 있는데, 그 에너지는 어떤 좌우명과 어떠한 사명을 가지고 있느냐가 중요한 관건이라는 생각이다.

성장을 위한 가르침 '사명'   103

> 신념은 누구에게나 존재한다고 본다.
> 그 신념을 어떤 컬러로 내장해 사명이라는 그릇에 잘
> 담아두는지가 중요하지 않을까?

사명에 대한 키워드는 분명 존재할 것이란 생각이다. 때문에 존재로써의 확고한 신념으로 자신의 일에 대한, 자신의 모든 상황에 대한 책임감을 사명으로써 받아들인다면 강력한 셀프파워가 배려와 공감으로 작용해 마음을 얻는 기술이 작용할 수 있게 된다고 말하고 싶다.

'사명'의 키워드

우리는 얼마만큼 자신의 성장을 바라는가? 셀프파워를 키워나가고 싶다면, 사명의 본질을 되찾고, 사명의 역할 수행에 목표를 정확히 정해두는 것이 중요하다.

여러분은 1등의 효과를 누리고 싶은가? 1등의 효과를 누리고 싶다면, 큰 그림부터 채우려하기 보다 작은 1등부터 시작하는 것은 어떨까? 잘하는 영역에서부터 1등을 시작해 이를 점점 더 확장

명강사 **박미진**

시켜 나간다면 큰 그림이 조금씩 채워져 목표치에 다다른 성과를 낼 수 있다고 본다. 여기에서 필요한 사항은 근본적인 책임감을 드러내고 사명감에서 오는 사명에 대한 키워드를 찾아내는 것이라 말하고 싶다.

여러분은 어떠한 사명에 대한 키워드를 가지고 있는가? 그 키워드에 따라 셀프파워의 조절 능력이 발휘되는 듯하다. 키워드는 복잡할 필요가 전혀 없다. 너무 거대하거나 공식적일 필요도 없다. 왜냐하면 자신의 몸매에 딱 맞는 맞춤의상을 입히듯 자신에게 맞는 사명의 키워드가 성장으로 가는 지름길이 되고, 그 키워드를 각각의 분야로 확장시켜 나간다면 확장하는 분야만큼 자신의 역할도 커지고 자신의 능력도 그만큼 성장할 것이기 때문이다.

연세대학교 한 교수가 우리나라 출신의 세계적인 예술가를 대상으로 그들의 창조성의 원천을 찾는 작업을 하게 되었는데 여기서 한 가지 공통점이 나타났다고 한다. 이들 세계적인 예술가들은 모두 사명감과 소명의식 같은 것을 가지고 있었다는 것이다. 그래서 열정이 식을 때나 슬럼프에도 지속적으로 자신들을 관리하고 몰입할 수 있었다는 얘기다.

여기서의 사명감은 다른 사람과의 다름을 나타내는 것이고, 최고만이 가지는 자존심이라 할 수 있다. 때문에 나만의 사명에 대한 키워드를 찾아내고 그 키워드로 몰입을 이끌어내는 일이 얼마나 중요한 가를 알 수 있다. 더 좋은 가치관, 더 강한 책임감, 더 높은 소명의식을 가지기 위해서는 사명의 키워드에서부터 출발해야 한다는 것이다.

사명감을 가지고 있는 조직과 직원의 몰입은 그렇지 않은 조직의 직원과는 확연히 다른 차이점을 두고 있다. 그 몰입은 세부적인 사명의 키워드로 움직일 수 있다. 자신의 모든 것을 쏟아 놓고 싶은 명확한 목표를 담은 키워드가 있어야 한다. 그것은 허황된 것이 아니라, 충분히 실현가능한 것이어야 한다. 자신만이 가질 수 있는 사명의 키워드를 지금부터라도 찾아보자.

'사명'의 과정

주어진 일을 제대로 해내려는 마음은 실천력을 높일 수 있는 가장 강력한 무기가 될 것이다. 자신만이 가진 사명의 본질을 되찾고, 그에 따른 목표치를 정한 키워드를 만들어 냈다면, 마지막으로 이를 실천하는 일 또한 중요한 부분일 것이다. 여기서 중요한 것은 목표를 이루어가는 과정을 즐기는 것이다.

우리가 등반을 할 때 목적지인 정상보다는 등반 그자체가 즐거워야 한다는 것이다. 정상으로 가는 길에 푸르름을 만끽하고, 나무 사이로 불어오는 시원한 바람을 맞으며 한발두발 내딛는 발걸음을 가벼운 마음으로 옮겨나간다면 목표에 닿은 그 순간만큼 정상으로 가는 과정 또한 벅찬 마음으로 즐기면서 앞으로 나아갈 수 있지 않을까?

마찬가지로 자신이 맡은 임무를 수행하는 과정을 충분히 즐기며 나아간다면 몰입에서 오는 능력의 최대치를 발휘할 수 있을 것으로 본다. 몰입은 사명에서 긍정적 피드백을 받는다. 고도의 몰입상태는 사명에서 출발하며, 그 출발이 모든 에너지를 쏟아 붙게 만들어 최대의 가치를 만들어낼 수 있는 원동력이 된다는 말이다.

사명은 곧 의미 있는 일을 뜻하며, 그 의미는 몰입을 만들어 내고, 강렬한 몰입은 최대치의 결과를 도출하게 되는 것이다.

에디슨은 백열전구를 발명할 때 백금과 나무, 머리카락 등을 가지고 실험을 천 번도 넘게 했지만 한 번도 싫증을 느끼지 않았다고 한다. 더욱이 잠도 자지 않고 하루에 스무 시간씩 실험에만 매달렸다고 한다. 이러한 강렬한 몰입의 정신은 사명의 본질이 만들어 낸 결과이다.

에디슨은 사명감으로 임무수행과정을 즐기고 있었다고 생각한다. 정확한 목표를 가지고 이를 수행해 나가는 과정에서 겪는 수많은 시행착오를 실패로 두지 않고 자신이 가고자 하는 목적지로

향하는 긍정적 과정으로 보았다는 것이다. 이렇듯 결과를 도출하는 과정에서 전 과정을 긍정적으로 바라보는 시각이 우리의 삶에서도 중요한 부분으로 작용한다고 본다. 하나의 사건을 두고 이를 어떠한 시각으로 바라보느냐에 따라 한 사람이 성장하느냐 후퇴하느냐로 나눠질 수도 있다는 생각이다.

성공하고 싶은가?
자신의 목표를 이루고 싶은가?
한걸음 더 나아가 성장하고 싶은가?

그렇다면 주어진 일에 대한 사명감으로 그 본질을 되찾고 본질에 맞는 키워드로 목표를 설정해 자신이 정해둔 정상으로 가는 과정을 긍정적 시각으로 바라보는 것. 그리고 그 모든 과정을 즐기는 것. 그것만으로도 충분히 120%의 셀프파워를 키워나갈 수 있지 않을까? 이는 우리가 도전해 보아야 할 과제이며, 의무가 될 수 있을 것이라고 생각한다.

자, 지금부터라도 우리가 가진 환경에서 우리만이 가지는 사명을 찾아 우리의 삶에 의미를 부여해 보면 어떨까? 우리의 긍정적인 내일을 위해서라도!

코칭, 긍정적인 변화와 성장 에너지를 끌어내는 리더십

배용관 대표코치

Profile

- (주)KBC파트너스 대표코치
- 고려사이버대학교/국민대학교 외래교수
- 성균관대학교 공과대학 전자공학사
- 한양대학교 경영대학 경영정보석사
- 국민대학교 일반대학 경영학 박사과정 중
- 한국코치협회 인증 KSC (수퍼바이저 코치)
- 코칭 경력 : 2,500시간 / 강의 경력 : 2,300시간

코칭, 긍정적인 변화와 성장 에너지를 끌어내는 리더십

(주)KBC파트너스 대표코치 **배 용 관**

[나의 순수존재 선언문]

나의 동기가치는
깨달음의 기쁨과
나누는 즐거움으로
기여하는 보람을 만끽하는 것이다.
나는 열정을 기반으로
진솔과 끈기를 즐김으로써
변화하며 성장하는 행복을 누린다.

나는 배움과 용기와 관용으로
고을짱의 리더십을 발휘하며
가치 있는 일로
마음껏 봉사하며 공헌한다.

나는 경제적인 풍요와 함께
나의 아내, 가족, 친구들과 함께 하면서,
이들의 건강한 행복에 헌신한다.

나는 나의 순수존재와 함께
열정의 불을 밝히고
지금 여기에 집중하여
나의 사명과 비전으로
헌신하는 삶을 즐긴다.

그렇게 함으로써 나는 이 세상에
깨달음과 자유와 평화의 길을
명료하게 밝혀주는 촛불이 된다.

나는 깨달았다.
자유롭다.
평화롭다.

명강사 배용관

[나의 사명]

나는 세상을 깨달음과 자유와 평화의 길을 밝혀주는 촛불로 기여한다.

나는 배려와 용기와 관용과 사랑의 존재로서 모든 사람은 스스로 답을 창조할 수 있다는 믿음으로

첫째, 나는 중소기업의 지속가능 성장을 위해 코칭, 컨설팅, 교육으로 기여한다.

둘째, 나는 개인의 자기계발과 동기부여를 위해 코칭과 교육으로 봉사하며, 글로벌 리더 양성에 공헌한다.

셋째, 나는 아내와 가족, 친구에게 필요할 때 허물없이 함께 해주며, 이들의 건강하고 행복한 삶에 헌신한다.

[나의 비전]

나는 코처블한 코치의 표상이 된다.

첫째, 나는 마스터풀 코치로서 중소기업을 위대한 기업으로 성장시킨다.

둘째, 나는 글로벌리더 100명을 양성한다.

셋째, 나는 전세계 100만 명 이상에게 동시에 강연한다.

넷째, 나는 Best Seller 작가로서 100만 명의 독자와 회원에게 진솔한 통찰을 나눈다.

다섯째, 나는 사업가로서 시스템 수입을 창출하여 경제적 안정을 누린다.

여섯째, 나는 아내와 세계를 여행하며 1,000가지 이상의 행복한 추억을 즐긴다.

일곱째, 나는 든든하고 맘이 편한 아들로서 부모님과 함께 한다.

여덟째, 나는 자녀에게 존경 받는 멘토이다.

아홉째, 나는 가족과 친구가 나를 필요로 할 때 허물없이 함께 해주는 평생친구이다.

열째, 나는 열정적으로 가치 있는 일에 헌신하다, 그 현장에서 숨을 거두고, 나의 몸을 기증한다.

[강의 영역]

- 성과 : 성과관리/성과 내비게이션
- 리더십 : 소통활성화를 위한 코칭리더십/
  갈등해소를 위한 맞춤리더십/
  조직문화를 위한 신바람리더십
- 팀빌딩 : AI(Appreciative Inquiry: 조직의 긍정혁명)/
  AL(Action Learning: 액션러닝)/
  FT(Facilitation: 촉진활동)
- 직무역량 : 영업실적 향상을 위한 SALES PRO/
  상생협력을 위한 NEEDS 협상/창의적 문제해결
  직무생산성 향상을 위한 감정처리

- 경력개발 : 인생설계/역량진단/경력개발계획/경력개발관리
- 조직문화 : 긍정생각/행복한 감정/이타심 확장
- 성과코칭 : 성과/리더십/팀워크
- 비즈니스코칭 : 경영자 코칭/임원 코칭/관리자 코칭/ 경영승계 코칭
- 커리어코칭 : 인생설계/경력개발
- 라이프코칭 : 자기계발/습관변화/행복증진/성공체험
- 학습코칭 : 성적향상/진학
- 멘토코칭 : 멘토코칭/코치더코치/코칭 수퍼비전
- 코치양성 : 코치형 리더/사내코치/전문코치

[특허 등록]
- 실시간 목표 및 성과 내비게이션 방법
 : 10-1501637-20150305

명강사 배용관

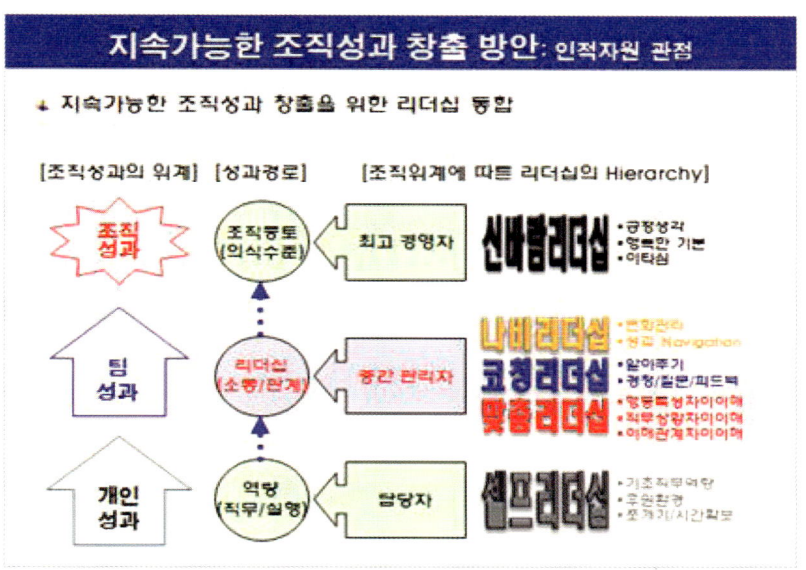

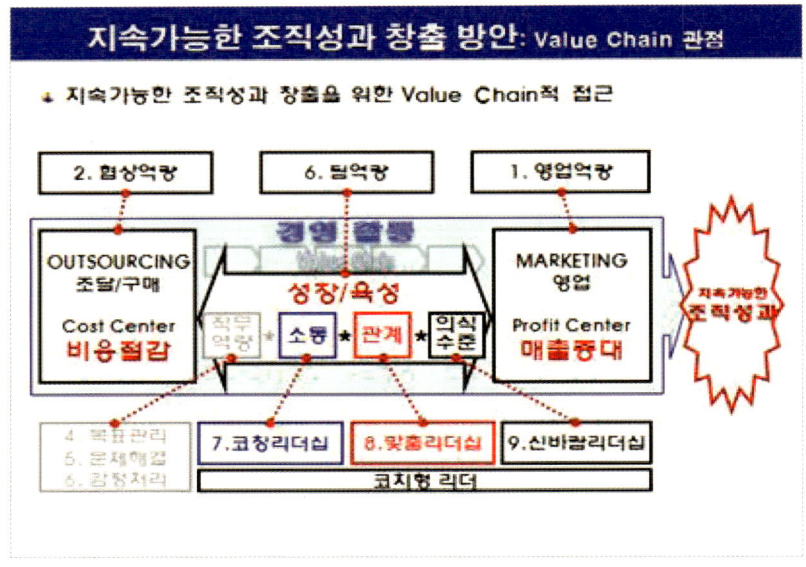

강사(講師)의 사명(使命)

서재균 원장

Profile

- 나눔CEO최고위과정 주임교수, 글로벌리더십개발원 원장
- 2017년 국민하나되기 생명나눔 사랑의 헌혈 전국행사 홍보대사
- 2017년 효 나눔 독거어르신 사랑의 삼계탕 전국행사 홍보대사
- 적십자사랑의 명예홍보대사 [헌혈521회] 등 14개 단체 홍보대사
- 서울대학,이화여대,경찰대학,공기업,종교단체 등 5,000여회특강
- 좋은 아버지상, 보건복지부장관 표창, 적십자헌혈 최고명예대장
- KBS아침마당, MBC9시뉴스, SBS, EBS 등 100여회 출연 보도

강사(講師)의 사명(使命)

글로벌리더십개발원 원장 友利 **徐 在 均**

'세상(世上)을 변화(變化)시키는 것은 인간(人間)이지만, 인간(人間)을 변화(變化)시키는 것은 교육(敎育)이다.'라는 말이 있습니다. 세상(世上)을 바꾸기 전에 먼저 사람을 교육(敎育)시켜 사람을 바꾸어야 한다는 교육(敎育)의 철학(哲學)을 잘 표현(表現)한 말이라 생각합니다.

세계경제(世界經濟)포럼을 만들어 스위스의 시골마을 다보스를 일약(一躍) 세계적(世界的)인 명소(名所)로 바꾸어버린 클라우스 슈밥[78] 의장(議長)이 4차 산업혁명(産業革命)을 처음으로 주창(主唱)한 이래(以來) 너도나도 4차 산업혁명(産業革命)의 소용돌이에 휘말리고 있습니다.

그는 좋은 책을 많이 읽고 예술(藝術)작품(作品)을 많이 보아서 삶의 가치(價値)를 찾아야 하며, 경영자(經營者)의 급여(給與)를 줄여서 어려운 이들을 배려(配慮)할 의무(義務)를 가져야 함과 아울러 사회(社會)계층(階層)과의 대화(對話)와 가족(家族)과 더 많이 소통(疏通)하여야 한다고 역설(力說)하였습니다.

그러므로 이제 혼자만이 잘나고 똑똑해서 먹고사는 시대(時代)는 지나갔으며, 전혀 다른 학문(學問)과 다른 기술(技術)이 서로 협력(協力)하고 융합(融合)하여야만 새로운 미래(未來)의 가치(價値)를 창조(創造)할 수 있다는 것입니다.

사회(社會)를 변화(變化)시켜 나간다는 크나큰 사명(使命)을 갖고 있는 강사(講師)들도 이제 파도(波濤)처럼 거센 물결로 이미 우리 앞에 성큼 와 있는 4차 산업혁명(産業革命) 시대(時代)를 맞이하여, 강사(講師)도 예외(例外)없이 자신(自身)의 전공분야(專功

명강사 서재균

分野) 뿐만이 아니라 다양(多樣)하고도 폭넓은 학문적(學問的) 지식(知識)을 쌓아야 하는 것은 물론(勿論)이고, 다양(多樣)한 직업(職業)과 신기술(新技術)을 끊임없이 배우지 않고는 보이지 않는 무한(無限) 경쟁(競爭) 시대(時代)에 낙오자(落伍者)가 된다는 것은 명명백백(明明白白) 지극(至極)히 자명(自明)한 진실(眞實)인 것입니다.

그 대표적(代表的)인 사례(事例)가 스마트폰(Smart Phone)을 세상(世上)에 내어놓아 인류(人類)에게 폭발적(爆發的)인 혁명(革命)을 가져왔으며, 그 주인공(主人公)이 바로 세계적(世界的)인 기업(企業)인 미국(美國) 애플(Apple)사의 스티브 잡스(Steve Jobs)입니다. 그는 전자공학(電子工學)을 전공(專攻)하지 않은 철학도(哲學徒)인 사람입니다.

스마트폰이라는 휴대(携帶) 전화기(電話機)속에 서로 다른 기술(技術)을 결합(結合)하여, 집 전화(電話)와 공중전화(公衆電話), 계산기(計算器), 메모수첩(手帖) 그리고 개인(個人) 카메라와 우체국(郵遞局) 전보(電報), 팩스 등이 영화(映畫) 제목(題目)처럼 바람과 함께 사라져 버리게 만들었습니다.

이제는 누구나 스마트폰으로 사진(寫眞)을 찍어 보내고 받으므로

강사(講師)의 사명(使命) 123

'인증샷'이란 신조어(新造語)도 유행(流行)시켰을 뿐 아니라, 사무실(事務室)이나 집에 가야만 할 수 있었던 이메일과 페이스북 등 SNS(Social Network Service)을 손바닥 안에서 손가락 하나로 마음대로 주고받는 편리(便利)한 생활(生活)의 대혁명(大革命)을 가져왔습니다.

지하철(地下鐵)과 버스 등 대중교통(大衆交通)의 대부분(大部分) 사람들이 스마트폰을 들여다보면서, 문자(文字)를 주고받거나 게임을 하고, 인터넷 검색(檢索)과 영화(映畵)를 보고, 장기(將棋)와 바둑을 두고 있어서 지하철(地下鐵)안이 조용(?)해 졌습니다.

그동안 청각(聽覺)장애(障碍)가 있는 분들은 반드시 직접(直接) 만나서 마주보며 수화(手話)를 주고받았는데, 스마트폰 덕분(德分)으로 멀리 떨어져 있어도 상대(相對)의 얼굴을 보면서 수화(手話)를 나누는 모습이 너무나 감동(感動)을 주고 있습니다.

산악회(山岳會) 등 동호인(同好人)모임, 동창회(同窓會), 글쓰기, 강좌(講座), 노래방, 통역(通譯), 번역(飜譯), 은행(銀行)에 가지 않고 돈도 주고받고 심지어(甚至於)는 보험(保險) 가입(加入)과 은행(銀行) 계좌(計座) 개설(開設), 지하철(地下鐵)과 버스 요금(料金) 지불(支佛), 열차(列車)와 항공(航空) 그리고 영화관(映畵館) 예약(豫約), 쇼핑, 개인(個人) TV방송(放送), 전세계(全世界)를 하나로 묶어주는 실시간(實時間) 동영상(動映像)과 홍채(紅彩) 인식

(認識) 등 지금 이 순간(瞬間)에도 스마트폰의 열풍(熱風)이 세계인(世界人)들을 열광(熱狂)시키고 있습니다.

이제는 아기 낳는 것 만 빼놓고 도대체(都大體) 스마트폰으로 못 하는 게 뭐냐 하는 말까지 나오고 있으며, 불과(不過) 10년 전만 하드라도 상상(想像)도 할 수 없었던 일들이 기적(奇蹟)처럼 현실(現實)로 우리 앞에 나타나고 있습니다.

앞으로는 퍼스널 컴퓨터(Personal Computer)와 종이신문(新聞), 종이책(冊), 학원(學院), 대학교(大學校) 그리고 영화관(映畵館)까지 사라진다는 말까지 나오는 실정(實情)인 것입니다.

세계(世界) 최대(最大)의 휴대(携帶) 전화기(電話機) 회사(會社)인 노키아가 스마트폰을 무시(無視)하는 바람에 우리나라의 삼성(三星)이 노키아와 모토롤라 그리고 애플을 제치고 자랑스런 세계제일(世界第一)의 전자회사(電子會社)가 되었습니다.

세계적(世界的)인 명성(名聲)을 떨치며 나라의 국격(國格)을 선진국(先進國)으로 올려준 삼성(三星)의 임직원(任職員)들에게 기립박수(起立拍手)와 함께 마음으로부터 큰 축하(祝賀)를 보내드립니다.

마찬가지로 지식(知識)과 경험(經驗) 그리고 지혜(智慧)를 가르치는 강사(講師)도 늘 깨어 있어야 하겠습니다. 강사(講師)는 강의(講議)를 하든가, 강의를 듣든가, 독서(讀書)를 하든가 스승을 찾아가서 배우든가 제자(弟子)를 양성(養成)하든가 그리고 여행(旅行)과 명상(冥想)을 통해서 끊임없는 자기(自己)계발(啓發)로 나날이 새로워 져야 하겠습니다.

다음의 것을 갖추어야 사명감(使命感)있는 강사(講師)라 할 수 있겠습니다.

첫째로 일생(一生)동안 배우는 자세(姿勢)를 가져야합니다.
둘째로 배운 지식(知識)을 가르치는 일을 즐겨해야합니다.
셋째로 수강생(受講生)을 진심(眞心)으로 사랑해야합니다.
넷째로 사람들로 부터 존경(尊敬)받는 스승이 되어야합니다.

위의 네 가지 중에서 한 가지라도 부족(不足)하다고 느낀다면, 스스로 강사(講師)를 그만두고 다른 직업(職業)을 찾는 것이 자신(自身)의 삶을 보다 더 알차게 살아 갈 수 있을 것입니다.

명강사 서재균

[강사십계명 (講師十誡命)]

友利 徐在均 作
국회 나눔CEO최고위과정 주임교수

[일] 일을 내려놓고 나를 돌아보자!
[이] 이 순간에 價値있는 강의하자!
[삼] 삶 속에서 餘裕와 보람을 찾자!
[사] 사랑하고 강의하고 또 사랑하자!
[오] 오늘은 배우고 來日은 가르치자!
[육] 肉體도 健康하게 맘도 건강하게!
[칠] 七顚八起 정신으로 명강사 되자!
[팔] 팔팔하게 당당하고 신나게 살자!
[구] 구십구세까지 강의하며 웃고살자!
[십] 十匙一飯 나누고 감사하며 살자!

* kokoworldtour@gmail.com

2017年 대한민국 명강사 22人

가슴 뛰는 업(業)의 '사명(使命)'

송춘의 부소장

Profile

- 現) (주)휴셋, 고객가치실현전략연구소 부소장
- 학력 : 한양대학교 교육대학원 교육공학 석사
- 저서 : 『기업교육강사 전문성 개발과정에 관한 연구』
  『맹자의 사단지심을 기반으로』(학습과학연구, 2015)
- 강의분야 : 갈등관리, 시간관리, 불만고객, DiSC,
  조직 활성화, 커뮤니케이션, 리더십 등
- Contact : springee81@naver.com

가슴 뛰는 업(業)의 '사명(使命)'

㈜휴셋, 고객가치실현전략연구소 부소장 **송 춘 의**

당신은 지금 하고 있는 업(業), 일을 떠올리면 가슴이 뛰는가? 아니면, 답답해지는가?

10년 동안 기업교육 강사로 살아왔음에도 강사라는 일은 여전히 나의 가슴을 뛰게 한다. 나의 부족함으로 인해 좌절했던 '슬럼프'는 있었지만, 일에 대한 열정이 시들해지거나 싫증을 느꼈던 '권태기'는 단 한 번도 없었다. 연인이든 직업이든 3, 6, 9 단위로 권태기가 온다는 속설이 있음에도 불구하고 어떻게 한 번도 오지 않았을까? 원래 나의 성향이 진득한가? 전혀 그렇지 않다.

나는 큰 특징 중 하나가 한가지 일 또는 한 직장에 정착을 하지 않는 소위 '밀레니얼 세대(Millennial Generation)'이다. 그럼에도 불구하고, 여전히 나의 일이 가슴을 뛰게 만드는 데에는 아마도 강사라는 업이 가지고 있는 가치와 의미에 그 해답이 있을 것이다.

영국 서섹스대의 캐서린 베일리(Catherine Bailey) 교수와 그리니치대의 애드리안 매든(Adrian Madden) 교수가 10개 직종에 종사하는 135명과의 인터뷰를 통해 일을 의미 있게 만드는 요소를 조사했다. 조사 결과 사람들은 자아가 반영되어 주도적으로 일을 진행할 때, 그리고 그 일이 사회에 영향력을 미친다고 생각할 때 의미 있다고 여겼다. 그들이 밝혀낸 '일을 의미 있게 만드는 5가지 특징'을 강사의 업에 적용하여 보자.

1. 자기초월적(Self-Transcendent)

사람들은 자신이 하는 일이 스스로의 삶 뿐 아니라 타인에게도 중요한 영향을 미칠 때 그 일이 의미 있다고 느낀다. 이런 측면에서 봤을 때 의미 있는 일이란 자기초월적 특징을 갖는다. 의미 있는 일에 대해 언급할 때 사람들은 단순히 자신에 대해서만 이야기하지 않았다. 그들은 자신의 일이 타인, 집단, 사회에 미치는 영향력과 관련성에 대해 이야기했다. 일례로 한 교수는 자신이 가르친 학생들이 졸업식에서 학위를 수여 받는 모습을 볼 때 일에서 의미를 찾는다고 말했다. 졸업식은 자신의

명강사 송춘의

노력과 수고가 학생들의 성공에 도움이 됐다는 사실을 보여주는 증거이기 때문이다.

강사로서 나를 소개할 때 늘 하는 이야기가 있다.

내 이름을 한자로 보면, "나라 송(宋), 봄 춘(春), 마땅할 의(宜)"로 할아버지께서 지어주신 이름이다. 이를 풀어서 설명하면, 이 아이가 있으면, 나라에 봄이 오는 것이 마땅하다는 의미이다.

봄이라는 계절이 상징적으로 가지고 있는 의미가 새로운 시작, 변화이다.

"제가 오늘 강사로서 여러분들께 드리는 많은 이야기 중에 단 한 가지라도 여러분들 마음속에 들어가서 새로운 시작에 대한 의지 또는 변화에 대한 결심이 일어났으면 하는 바람을 가지고 여러분들에게 봄을 선물해주고 싶은 강사 송춘의입니다."

강사는 사람들에게 메시지를 전달함으로써 그들에게 변화를 일으키고자 하는 소명의식을 가지고 있어야 한다. 그것이 학문적인 내용을 가르치는 학교 선생님, 교수님과는 구분되는 강사의 차별점이 아닐까.

가슴 뛰는 업(業)의 '사명(使命)'

2. 가슴 아픈 경험(Poignant)

행복하기만 한 일보다 가슴 아픈 경험을 통해 일의 의미를 발견할 가능성도 크다. 사실 사람들이 자신의 일에서 의미를 발견할 때는 단지 직장에서 동기 부여받고, 일에 집중하고, 행복감을 느낄 때보다 훨씬 더 풍부하면서 도전적인 순간이다. 간호사들은 환자들이 생을 마감할 때 자신들의 전문 기술과 지식으로 그들이 좀 더 편안한 죽음을 맞이할 수 있도록 도울 때 자신의 일에서 가장 깊은 의미를 찾는다고 묘사했다.

강의를 하다보면 다양한 교육생을 만나게 되는데, 열정이 충만한 신입사원, 고성과자를 대상으로 강의를 진행할 때에 강사로서의 만족감과 에너지를 얻기도 하지만, 때때로 반대의 경험에서 뿌듯함을 느끼게 되는 경우도 많다.

처음 시작할 때에는 교육에 대해 시니컬한 반응과 강사에게 도전적이었던 교육생이 강의가 진행됨에 따라 동화되고 강의가 끝나고 나서 개인적으로 찾아와 지금까지 교육은 의미 없다고 생각했었는데 이번 교육은 정말 큰 도움이 되었다고 앞으로 실천해봐야겠다고 이야기를 해줄 때는 "정말 내가 의미 있는 일을 하고 있구나."라는 것을 느낄 수 있다. 더불어 이후 강의에서 유사한 교육생을 만나더라도 두려움보다는 여유를 가질 수 있는 자양분이 되어 주는 귀한 경험이다.

3. 단편적(Episodic)

자신의 일이 의미 있다고 늘 일관되게 느끼는 사람은 아무도 없었고, 그러한 감정은 지속적이기보다는 단편적으로 발생했다. 일이 의미 있다는 인식은 그 느낌을 전하는 강렬한 경험이 정점에 달했을 때 발생했다. 한 대학 교수는 강의를 아주 성공적으로 마친 다음에 자신이 마치 '록스타' 처럼 느껴졌던 희열에 찬 경험을 얘기했다. 한 점원은 매장에서 갑자기 기절한 고객이 정신을 차릴 때까지 보살펴줬다는 얘기를 들려줬다. 이렇게 상당히 감정적이고 개인의 관여도가 높은 순간은 일의 의미를 상징적으로 일깨워주는 계기가 된다.

다른 일에 비해 강사라는 일은 사람들 앞에 서는 일이다보니, 위 사례와 같이 단편적으로 발생하는 경험이 많은 편이다. 오랫동안 준비해왔던 교육을 성공적으로 런칭하고, 담당자와 교육생들로부터 좋은 피드백을 받았을 때, 또는 강의 중 강사의 사례에 깊이 공감하여 울고 웃는 교육생을 만났을 때, 신입사원 교육에서 봤던 직원을 승진자 과정에서 만났을 때 등등 그 외에도 다양한 단편적 사례를 통해 강사로서 나의 일에 대한 만족감과 의미를 느낄 수 있다.

4. 반추적(Reflective)

사람들은 자신의 일이 의미 있다고 느낀 경험을 말해달라고 요청받으면 그때서야 비로소 그런 경험이 갖는 중요성을 인식하는 경우가 많았다. 즉, 일이 발생한 그 순간에 보람을 느끼는 경우는 매우 드물었고, 그 경험을 회상하거나 반추했을 때 자신이 했던 일을 인식하고, 그 성과가 자신의 삶에 미치는 폭넓은 의미를 연결해낸다. 환경미화원은 거리 청소를 마친 다음 잠시 숨을 돌리며 자신이 깨끗하게 만든 공간을 둘러볼 때 일에서 보람을 찾는다고 말했다. 이런 방식을 통해 그들은 거리를 청소하는 자신의 행위가 청결한 환경을 만드는 데 전체적으로 어떤 기여를 하는지 반추했다.

강의를 마치고 운전하고 돌아오면서, 그날의 강의 시작부터 끝까지 전체적으로 다시 한 번 돌이켜보는 버릇이 있다. 오늘 나의 강의에서 어떤 점이 아쉬웠는지, 다음에는 이를 어떻게 보완할지에 대해 고민하는 것이다. 이러한 과정 속에서 내가 지금 어떤 일을 하고 있는지, 나의 말 한마디가 그날의 분위기에 얼마나 큰 영향력을 주는지 등을 강하게 느끼게 된다. 이를 통해 앞으로 좀 더 책임감 있게 강의를 준비해야겠다는 다짐도 하게 되고, 그러한 다짐이 실천으로 이어질 때 더 좋은 결과를 만들어내기도 한다.

5. 개인적(Personal)

자신의 일에서 느끼는 열정이나 만족감처럼 직무와 관련된 감정들은 그저 일을 통해 느끼는 감정일 뿐이다. 반면에 주변 사람들에게 의미 있는 일이라는 것은 단순히 일보다는 개인의 삶이라는 더 넓은 맥락에서 이해된다. 한 뮤지션은 아버지가 생애 최초로 자신의 공연을 보러 와서 마침내 뮤지션이라는 직업의 가치를 이해하고 인정했을 때 자신의 일이 의미 있다는 사실을 절감했다고 설명했다. 한 변호사는 친구나 가족들이 지인들에게 자신을 추천했을 때 보람을 느낀다고 말했다. 본인이 직업적으로나 개인적으로 신뢰할 수 있는 사람으로 인정받는 느낌을 받기 때문이었다.

몇 년 전에 개인적인 친분이 있는 지인의 소개로 강의를 진행하게 되었는데, 그 강의의 결과가 대단히 만족스러워서 다음 해까지 이어서 해당 기업의 강의를 진행하게 되었던 경험이 있었다. 그러한 상황이 지인을 통해 주변인들에게 이야기가 전해지면서, 주변 사람들에게 나의 능력을 인정받게 되었을 때는 같은 업종에 있는 동료, 선후배들에게 인정받는 것과는 또 다른 개인적인 만족감과 더불어 나의 일에 대한 프라이드를 다시 한 번 새길 수 있었던 소중한 경험이었다. 이러한 경험들이 모여서 나의 일을 더욱 사랑하게 되고, 더 열심히 할 수 있게 만드는 원동력이 된다. 도입에서도 잠깐 언급했던, '밀레니얼 세대(Millennial Generation)'이는 1980년부터 2000년대 초반에 출생한 세대를 일컫는다. 이들이 취업을 하기

시작하면서 조직에서 여러 문제가 불거지고 있는데 그 중에서도 대표적인 것이 낮은 정착율이다. 이에 대한 대응방안으로 밀레니얼 세대가 일의 가치와 의미에 대해 중요하게 생각한다는 것을 인지하고, 강사로서 일을 의미 있게 만들 수 있는 경험과 사례를 공유하여 그들에게 일의 의미를 찾아주고 그들이 일을 즐겁게 함으로써 개인 및 조직의 발전을 돕는 것이 강사로서의 사명일 것이다.

지금까지 언급한 '일을 의미 있게 만드는 5가지 특징'을 각자 자신의 일에 적용해보자. 이러한 과정은 일에 대한 가치를 인식함으로써 회의감에서 벗어나 일에 대한 자긍심을 갖게 할 것이다. 나아가 리더로서 구성원들이 즐겁게 일할 수 있는 환경을 구성할 때에도 이를 반영할 수 있다.

조직 내에서 자기초월적(Self-Transcendent), 가슴 아픈 경험(Poignant), 단편적(Episodic), 반추적(Reflective), 개인적(personal) 경험들을 공유하는 장을 마련함으로써 평상시에 인지하지 못했던 일에 대한 의미를 찾고, 이야기하는 과정 속에서 보다 폭넓은 가치와 일을 연결시켜 나갈 수 있을 것이다.

* 이 글에서 언급한 '일을 의미 있게 만드는 5가지 특징'은 <MIT 슬론 매니지먼트 리뷰(SMR)> 2016년 여름호에 실린 'What Makes Work Meaningful or Meaningless'의 내용과, <동아비즈니스리뷰-210호(www.dongabiz.com)>에 김성아씨가 번역 소개한 글 '우리는 모두 의미 있는 일을 하고 싶다'의 내용을 참고했습니다.

건강~물과 수소가 생명이다!

양은모 소장/박사

Profile

- 1952년 김포출생, 인하대학교 공과대학(학사), 한국외국어대학교 경영대학원(석사), 미국 AAU대학교 보건대학(명예박사),
- 삼성그룹, 대림그룹, (주)리빙스타 대표이사 역임, 한국식용수소연구소 소장(현)
- 수상 : 국무총리 표창, 특허청장상-발명특허, 환경부장관상, 대한민국을 이끄는 혁신리더,
   미래경영 대상, 가치경영 대상, 도전 한국인대상(수소분야)
- 저서 : 수소의 가능성, 암이 사라졌다, 대한민국 건강지도가 바뀐다! 등 8권
- 방송 : MBC "생방송 오늘아침" 등 다수 출연, 매스콤(신문, 라디오, 잡지) 인터뷰 다수
- 강의 : "건강과 물과 수소"에 대한 강의 약 1,500회 이상

건강~물과 수소가 생명이다!

한국식용수소연구소 소장/박사 **양 은 모**

● **명강사란 무엇일까?**

사전적 의미로는 명강사(名講士), 즉, 유명(有名)강사를 의미하는 말일 것이다. 그러면 유명강사는 또 무슨 의미를 함축하고 있을까? 아마도 텔레비전에 나올 정도의 유명한 강사를 의미한다는 사람도 있을 것이고, 돈(머니)을 잘 버는 강사를 의미하는 말 일수도 있을 것이다. 얼마 전 유명 선배강사님으로부터 들은 이야기에 의하면 명강사는, 순수 강사료로 년 간 1억 2천만 원 즉, 매월 1천만 원의 강사료를 3년 이상 받은 사람을 말한다고 정의하신 선배님도 있었다. 나는 아직 명강사 대열에 합류하지 못한 게 맞다. 어떻게 해야 명강사 대열에 입성할 수 있을까?

◉ 명강사는 어떻게 해야 가능할까?

한 마디로 그리 간단하지 않다고 할 수 있다. 왜냐하면 대한민국에 수많은 강사(교수, 전임강사, 겸임강사, 평생교육원 등 포함)들 중에 명강사가 되려고 하는 강사는 너무나 많다. 수만 명 아니 수십만 명의 강사 중에 명강사 비중은 아마도 1%정도라고 생각된다. 즉 100명 중에 1명이라는 말이다. 아니 1,000명 중에 1명이거나 그 보다 더 낮은 비율일지도 모른다. 그렇다면 명강사는 모두 석사(碩士)나 박사(博士)일까? 꼭 그렇지만은 아닌 것 같다. 학사(學士)도 있고 드물기는 하지만 고등학교 졸업한 분도 있는 것으로 알고 있다.

◉ 명강사의 조건은 무엇일까?

첫째는 건강이다.

몸이 건강하지 못한 강사가 명강사가 될 수는 없다. 아무리 많은 지식을 가졌다고 해도 아무리 강의를 맛깔스럽게 잘 한다 해도 강사가 건강이 나쁘다면 의미가 없어진다. 그런 의미에서 나는 명강사의 첫째 조건에 매우 가까이 있다. 항상 내가 강의하는 주요 제목이 "건강(健康)과 물과 수소수"에 관한 것이니 말이다.

명강사 양은모

건강이란 육체적 건강도 있고, 정신적 건강도 있을 것이다. 이 모두를 가졌다면 금상첨화(錦上添花)일 것이다.

둘째는 전문적인 지식(知識)이다.

전문적인 지식은 왜 필요할까? 지식이 모여서 지혜가 되기 때문이다. 말은 쉽지만 전문적인 지식을 습득하기란 그리 간단하지가 않다. 수많은 경험과 실패를 통해서만 전문적  이고 살아있는 지식이 탄생하기 때문이다. 박사(博士)라 하더라도 살아 움직이는, 생명력을 전하는 강사가 되기는 쉽지 않다. 전문적인 지식이라도 이론에만 충실해서는 감동이 없다. 그렇다고 현실에만 안주하면 설득력이 없다. 그래서 이론과 경험과 체험이 함께 살아서 움직이는 그런 지식이 필요하다.

셋째는 경험(經驗)이다.

아무리 전문적인 지식을 많이 가지고 있다고 해도 설득과 감동은 바로 경험을 통해서만 전달된다. 강사는 "하고 싶은 말을 하는 사람"이 아니다. 강사는 항상 고객(청중)이 "듣고 싶은 말"을 해야 한다. 즉, 청중은 누가 강의를 하든지 자기 스스로에게 맞추어 듣기 때문이다. 그래서 감명의 정도도 다르다. 명강사라면 반드시

하나 또는 두 개의 깊은 감명(인식)을 주어야 한다. 그래야 명강사다. 감명을 주려면 경험한 것을 이야기해야 한다. 책이나 신문이나 인터넷에서 읽은 것으로는 감명을 줄 수가 없다.

◉ 나의 이야기 전개

건강은 모든 사람의 희망이다.

건강하다고 자신 있게 말 할 수 있는 사람은 거의 없다. 이 세상 사람 누구나 건강하길 원한다. 그리고 병원 신세를 지지 않고 죽기를 원한다. 그러나 대부분은 언제 죽을지 어떻게 죽을지 알 수가 없다. 심지어 자살하려는 사람조차도 자기가 언제 죽을지 하루 이틀 전에도 모른다고 한다.

◉ 건강의 척도는?

건강이란 무엇인가? 건강은 한자로는 건강(健康, 튼튼할 건/편안할 강)이라 쓴다. 다시 말해 정신적 육체적으로 탈이 없고 튼튼함 또는 그런 상태다. 과거에는 '질병이 없거나 허약하지 않은 상태'라고 했다.

명강사 양은모

1948년 세계 보건 기구(World Health Organization, WHO) 헌장에서는 건강에 대해

"단순히 질병이나 허약함이 없는 상태가 아니라 신체적, 정신적, 사회적으로 완전한 안녕 상태(Health is a state of complete physical, mental and social well-being and not merely the absence of disease or infirmity)" 라고 규정했다.

건강은 생존의 추구라기보다는 일상생활에 잘 대처할 수 있는 능력이다. 신체 역량뿐 아니라, 개인적·사회적 대처 능력을 강조하는 입체적이고 긍정적인 개념이다.

그리스의 철학자 소크라테스라면 건강에 대해 어떻게 말했을까?

각자의 건강에 주의하라. 사려분별이 있는 인간이 운동과 식사문제에 주의해서 무엇이 자기에게 좋고, 무엇이 자기에게 나쁜 것인가 하는 것을 의사 이상으로 잘 알아야 한다.
- 소크라테스

한마디로 말하면, 의사에게 네 몸을 맡기지 말고 너 스스로 평소에 먹고, 마시고, 운동하는 것에 신경을 충분히 쓰라는 것일 게다.

건강~물과 수소가 생명이다!

⦿ 수소는 우주의 90%! 태양의 99%!

나는 자주 이런 질문을 던진다. "우주는 언제 어떻게 태어났을까?" 우주과학자들에 따르면 우주는 약 138억 년 전에 탄생했다. 바로 '대폭발설' 즉 '빅 뱅(big bang) 이론'이다. 우주는 처음에는 아주 작은 소립자(素粒子), 이때는 핵조차 존재할 수 없었고 전자, 쿼크(Quark), 빛과 같은 기본 입자들로만 가득했다고 한다. 최초에 태어난 원소(元素)도 수소(水素)다.

이 후에 우주에 별들이 하나씩 탄생했고, 태양도 생겨났다. 46억 년 전에는 지구가 탄생했다. 지구가 탄생하면서 지구에 있던 수많은 수소는 태양의 역할로 생겨난 산소와 결합했다. 결국 산소와 수소가 결합하여 생명의 기원이라고 하는 **물(水)**이 생겨나면서, 지구에는 각종동물과 식물로 가득하게 됐다. 이것이 우주와 태양계와 지구와 생물의 탄생역사다. 그리고 인류(인간)가 태어나게 된 배경이다.

수소는 우주의 약 90%다. 면적으로 보았을 때 당연 우주천지는 수소천지다. 태양도 초기에 99%가 수소였다. 그러나 끊임없는 '**수소 핵융합반응**'으로 뜨거운 빛과 열을 발산하면서 지금은 수소 90%와 헬륨9%로 구성되어 있다. 헬륨은 수소 핵융합반응의 결과로 생겨난 것이다.

◉ 물은 생명의 근원?

물이 인체의 70%라고 말한다. 인간 체중의 70%가 물일 때는 30대 나이다. 태어날 때는 체중의 약 80~85%. 성장하면서 점점 수분이 줄어들어 60대 이후에는 53% 정도다. 이것도 잘 관리하는 사람일 경우다. 나이 들어 피부에 주름이 많은 사람은 수분이 50% 초반이다. 수분

이 50% 초반이라면 각종 질병에 시달릴 수밖에 없다. 몸속에 들어온 각종 독소물질을 배출할 수 없기 때문이다. 우리 몸에서 독소를 배출하는 기능이 있는 것은 오직 물 뿐이다. 몸 안의 독소를 제거하는 방법은 소변 배출과 대변 배출뿐이기 때문이다. 그러나 대변을 하루에 5~6번 볼 수는 없다. 그래서 물을 충분하게 마시어 내 몸의 독소를 소변으로 배출하라는 것이다. 물은 하루 2.5리터 마시길 권한다. 그래야 건강하고 피부에 주름이 잘 안 생긴다.

◉ 수소수(水素水)가 최고다.

물의 종류는 수없이 많다. 약수, 생수, 알칼리수, 해양심층수, 정수기 물, 육각수, 유황수 등등. 어떤 물을 먹어야 할지 구별하기조차 힘들다. 선택은 간단하다. 자연에 가까운 물이 제일 좋다. 즉, 중성수와 약알칼리수가 좋다. 구조로는 육각수가 좋다.

우리 몸의 피는 약알칼리성이고, 육각수형태가 제일 많기 때문이다. 우리나라는 정수기 방식 중에 역삼투압방식(RO 필터방식)이 많다. 역삼투압방식은 미네랄을 모두 제거하는 방식으로 건강에 도움이 된다고 할 수 없다. 수소수는 미네랄도 살아있고, 우리 몸에서 발생하는 "유해활성산소도 없애주고" 또한 "에너지를 만드는 데 꼭 필요하기 때문"에 추천한다. 그리고 약알칼리수이다.

매일 아침마다 좋은 물, 수소수를 3컵 정도 마신다면 변비는 사라진다. 그리고 식사 2시간 후부터 수소수를 마셔준다면 누구나 건강하고 탱탱한 피부에 놀랄 것이다. 수소수는 입자가 일반 수돗물의 반 정도로 매우 작고, 육각수로 되어 있으므로 흡수율도 매우매우 좋다. 대한민국 모든 국민이 수소수로 건강한 그날을 꿈꾼다.(*)

낙천적 생각 · 낙관적 시각

이동기 부회장

Profile

- 한국공공정책평가협회 부회장
- 전남대학교행정대학원박사수료, 서울대학교인문대학IFP수료
- UN유엔군한전참전용사초대위원장
- UN유엔장애인권리협약한국대표단
- 국제지식재산연수원교수요원, 중앙선거관위시민연수원초빙교수
- 사랑과미담·동기부여행운포착, 행복하게사는비결·인문학적변혁
- 보건복지부장관상·대통령상수상

낙천적 생각 · 낙관적 시각

한국공공정책평가협회 부회장 이 동 기

　미국에서(1920) 한 노인이 빵을 훔쳐 먹다가 잡혀서 판사(라과디아) 앞에서 재판을 받게 되었다. 판사가 "나이도 있는 분이 염치없이 빵이나 훔쳐 먹습니까?"하고 꾸지람 투로 말하자 그 노인은 눈물을 글썽이며 "사흘을 굶었습니다. 그렇다보니 아무것도 안보였습니다." 하고 대답했다. 판사는 한참을 생각하더니 "빵을 훔친 절도 행위는 벌금10달러에 처한다." 라고 방망이를 '땅! 땅! 땅!'쳤다. "그런데 판사가 지갑에서 10달러를 꺼내더니 그 벌금은 내가 내겠습니다. 그동안 내가 좋은 음식을 너무 많이 먹은 죄에 대한 나 스스로의 벌금입니다." 하면서 벌금을 대신 내주었다.

판사는 이어 "이 노인은 재판정을 나가면 빵을 훔쳐 먹게 되어있습니다. 그러니 여기모인 방청객 중에서도 그동안 좋은 음식 드신 분은 조금씩이라도 돈을 기부해주십시오"라고 말했다. 이에 감동을 받은 방청객들은 호주머니를 털어서 모금에 동참했고, 모금액이 47달러가 되었다고 한다.

만약 판사가 '좋은 음식을 많이 먹은 죄'라는 언어 대신에 불우이웃 혹은 가난한 노인 돕기 같은 표현을 썼다면 노인의 가슴에 상처를 주었을 것이고 방청석으로부터 감동과 공감을 얻지도 못했을 것이다.

1. 언어의 표현 안내자

일부만 보고, 겉만 보고 알 수 없다.
타산지석의 사람은 누구일까요?

A : 부패한 정치인과 결탁하고, 점성술을 믿으며, 두 명의 부인이 있고, 줄담배와 폭음을 즐기는 사람.
B : 두 번이나 회사에서 해고된 적이 있고, 정오까지 잠을 자며, 아편을 복용한 적이 있는 사람.
C : 전쟁영웅으로, 채식주의자. 담배도 안 피우고 가끔 맥주만 즐긴다. 법률 위반, 불륜관계가 전무한 사람.

명강사 **이동기**

사람들은 거의 만장일치로 C를 선택했지만 이 세 사람은 우리가 알고 있는 인물인데 A는 프랭클린 루스벨트 전 미국대통령이고, B는 윈스턴 처칠 전 영국의 총리, C는 수천만 명의 목숨을 앗아간 나치스의 지도자 아돌프 히틀러입니다.

아서왕이 이웃나라 왕의 포로가 되었다. 이웃나라 왕은 그를 죽일 수도 있었지만, 그의 젊음과 이상에 감동받아 조건부로 풀어주기로 했다. 그 조건이란 이웃나라 왕이 낸 질문에 대한 해답을 1년 안에 찾아오는 것이었다. 만일 그러지 못하면 아서왕은 꼼짝없이 죽음을 받아들여야 했다. 그 질문이란 "○○들이 진정으로 원하는 것은 무엇인가?" 였다.

아서왕은 모든 문제의 해답을 안다는 마녀의 도움을 받지 않을 수 없게 됐다. 그러나 마녀는 먼저 자신의 요구를 들어줘야 해답을 가르쳐주겠다고 했다. 늙은 마녀의 요구조건은, 아서왕의 절친 거웨인과 결혼을 시켜달라는 것이었다. 늙은 마녀는 흉측한 외모에 치아는 한 개밖에 남아있지 않는 데다 곱사등이었다. 입에서는 시궁창 같은 냄새가 났고 목소리는 듣기에도 끔찍했다. 아서왕의 이야기를 들은 거웨인은 그 정도 희생은 얼마든지 감수할 수 있다고 말했다. 결국 결혼 날짜가 공표되었고, 마녀는 아서왕에게

해답을 가르쳐주었다. ○○들이 진정으로 원하는 것은 '자신의 삶을 스스로 선택하는 것'이라는 정답이었다. 이웃나라의 왕은 아서왕에게 자유를 돌려주었고, 아서왕은 목숨을 건졌다.

거웨인과 마녀의 결혼식이 거행됐다. 늙은 마녀는 누가 보아도 불쾌할 만큼 아주 괴팍하게 행동했다. 그러나 거웨인은 한결같이 친절하고 예의 바른 태도로, 자신의 아내로서 대했다. 결혼식 첫날 밤, 거웨인은 인생 최악의 경험을 각오하고 비장한 마음으로 침실에 들어섰다. 그런데 문을 열고 들어서자마자 그의 눈앞에 믿을 수 없는 광경이 펼쳐졌다. 세상에서 가장 아름다울 것 같은 눈부신 미녀가 그를 기다리고 있는 게 아닌가! 그는 넋이 완전히 나간 채 어떻게 된 일이냐고 물었다. 마녀는 늙고 추한 자신의 모습에도 아랑곳없이 베풀어준 친절에 대한 감사의 표시로 이제부터 하루의 절반은 아름다운 여인으로 있을 것이라고 말했다. 그리고 거웨인에게 자신이 낮과 밤 가운데 언제 아름다운 모습으로 나타나고 언제 추한 모습으로 있을지 선택하라고 했다.

낮에 사람들에게 아내의 아름다움을 과시하는 대신, 밤에는 흉측하고 늙은 마녀와 지내는 것을 선택할 것인가? 아니면 아름다운 아내와 낭만적인 밤을 보내기 위해 낮 시간은 끔찍한 마녀와 함께 지낼 것인가? 어느 쪽이 더 좋을까? 당신이라면 어떻게 선택하겠는가?

거웨인은 마녀에게 말했다. "당신이 아름다운 모습이든 늙고

명강사 이동기

추한 모습이든, 나는 이미 당신을 내 아내로 선택했어요. 그러니 언제 어떤 모습으로 있을 것인가는 당신이 원하는 대로 선택하세요." 마녀는 그 말을 듣고 환하게 웃으며 대답했다. "네, 그러면 제가 선택하죠. 지금부터 밤이든 낮이든 상관없이 언제나 아름다운 여인의 모습으로 당신 곁에 있겠어요."

사마천의 사기(史記)에 "선비는 자기를 알아주는 사람을 위해 목숨을 바치고, 여자는 자기를 예뻐하는 사람을 위해 화장을 한다." "자신의 재능을 알아주고 높이 들어 써주었던 지백(智伯)을 위해 기꺼이 목숨을 바친다." 는 유명한 문구가 나온다. (위 아서왕 내용은 성과 무관하오며 생각과 시각이 다를 수 있음)

지능 정보의 삼총사가 엑소 브레인(내 몸 밖에 있는 인공지능), 딥뷰(눈), 지니톡(음성지능)이다. 소통을 위해서는 이 삼총사가 융합해야

한다. 명강사는 남 앞에서 말을 잘하는 사람보다는 늘 겸손하고 나누고 배려하는 자세로 나와 다른 사람이 낙천적으로 생각하고 낙관적인시각으로 성장하고 성공하는데 안내자가 되어야 하지 않을까 생각한다.

낙천적 생각·낙관적 시각 155

2. 목표 성취 안내자

마크 저커버그(33) 페이스북 설립자 겸 CEO는 2017. 5. 25 하버드대학교 중퇴 12년 만에 명예 박사학위도 받았고 졸업식에서 연설도 했다. 역대 연사 중 최연소였다. 연설의 주제는 '목표(purpose)'였다. 자동화로 수천만 개 일자리가 사라질 미래에는 기업가 정신이 더욱 요구된다고 강조하면서 1961. 5. 25 35대 존 F 케네디 전 미국 대통령이 미항공우주국(NASA)을 방문했을 때의 일화를 들었다. 케네디가 빗자루를 든 청소부에게 무엇을 하고 있느냐고 묻자 "저는 인간을 달에 보내는 걸 돕고 있습니다."라고 답했다.

1969아폴로11호가 달 착륙에 성공 선장 닐 암스트롱은 성조기를 꼽으면서 "오늘 나는 작은 발걸음을 내디뎠지만 인류에게는 위대한 도약"이라는 메시지를 지구에 보냈다. 목표나 목적이 같고 염원하면 이루어진다는 것을 여실히 증명한 내용이다. 구글은 "세상의 정보를 조직해 누구나 쉽게 접근하고 사용할 수 있게 하자."는 위대한 목적이 있었다.

호랑이가 토끼를 잡을 때에 자기보다 아주 작은 목표물임에도 혼신을 다하여 달려간다. 매의 경우도 목표물을 향해 최단거리를 택한다. 양궁에서 목표물을 겨냥 할 때 에는 두 눈을 사용하지 않고 한 눈으로 몰입하여 쏜다. 비행기도 이륙 시에 연료의 90% 이상을 사용한다. 상황에 따라 목적과 목표를 성취하기 위하여 다양한 방법들이 다르기는 하지만 낙천적으로 생각하고 낙관적인 시각으로 혼신을 다하도록 하는 것이 명강사의 사명이 아닐까 한다.

3. 변화의 적응 안내자

4차산업혁명 변화의 물결에 어떻게 적응할 것인가? **제1의 물결** 1만 년 전에 시작 수천 년 농업혁명물결, **제2의 물결** 300년 짧은 시간변화 산업혁명, **제3의 물결** 1950~현재 지식혁명 미래의 부는 시간 공간 지식이라는 세 가지 심층기반이 어우러져 만들어진다고 말한다. 1차산업혁명 18세기말 영국 증기기관의 발명 급속한 공업화 도시인구의 폭발적 증가, 2차산업혁명 19세기말 미국과 유럽선진국 전기의 발명 대기업의 부상 중공업의 발달, 3차산업혁명 20세기후반 미국 등 IT선진국 컴퓨터 인터넷의 등장 산업의디지털화 공유경제확산, 4차산업혁명? 21세기 초 최근 논의 시작 주요 IT선진국 인공지능 사물인터넷 등 초 연결 사회 도래이다. 지식의 반감기도 있지만 변화의 속도를 차량의 속도로 비유하면 기업160km, 시민단체140km, 가족95km, 노동조합50km, 정부관료조직40km, 학교15km, 국제기구8km, 정치조직5km, 법1.5km 세계 최고 정보기술(IT)기업인 애플의 사명은 "사람들에게 힘이 되는 인간적인 도구들을 제공해 우리가 일하고, 배우고, 소통하는 방식을 바꾸는 것" 일론 머스크 테슬라 최고경영자(CEO)는 "인류를 환경오염과 자연

고갈의 위기에서 구하겠다."는 핵심 가치를 강조해 왔다.

　일부나라마다 사용 용어가 다르기는 하지만 2016년의 세계경제포럼(클라우스 슈바프 세계경제포럼 회장)에서 4차 산업혁명의 이야기가 대두되었다. 4차 산업혁명은 '3차 산업혁명을 기반으로 한 디지털과 바이오산업, 물리학 등의 경계를 융합하는 기술혁명'이라고 설명한다. 4차 산업혁명은 3차 산업혁명을 한 단계 업그레이드시킨 산업혁명인 셈이다. 3차 산업혁명은 컴퓨터와 인터넷 개발과 그에 따른 정보통신 기술이며 지금 인류는 세 번에 걸친 산업혁명의 토대 위에 1·2·3차 산업이 공존하면서 4차 산업혁명의 성을 쌓고 있다.

　"미국에선 정보통신기술 혁신의 흐름을 '디지털 트랜스포메이션(Digital Transformation)'이라고 이름 붙이고 오래전부터 관련 논의를 진행해 오고 있다." "독일은 '인더스트리 4.0'으로, 일본은 '로봇 신전략2020', 중국은 '제조2025'"같이 국가가 나아갈 방향을 제시하는, 사회적 합의를 담아낸 구호가 나라마다 다르다. 그 나라 실정에 맞는 용어사용과 발전변화에 적응토록 낙천적으로 생각하고 낙관적인 시각으로 변화하도록 안내하는 것이 명강사의 사명이라고 생각한다.

가치 있는 지식을 파는 사람들의 사명감

이미현 협회장

Profile

- 한국파티문화협회 협회장
- 파티전문회사 마귀할멈 이벤트 대표
- 모래요정 샌드아트 학원장
- KBS 아침마당 샌드아티스트 소개 (2016년 12월 2일 방송)
- 국내 최초 한국직업능력개발원 샌드아트 자격증 등록
- 2016 대한민국 성공인대상 파티문화예술부문대상 수상
- 2017 제2회 자랑스런 한국인대상 파티발전공로대상 수상

가치 있는 지식을 파는
사람들의 사명감

한국파티문화협회 협회장 **이 미 현**

어릴 적 초등학생 시절 신학기가 되거나 가정의 달 5월이 되면 학교에서는 꽤나 자주 우리 집 가훈 쓰기를 했던 기억이 난다. 초등학교 4학년인 지금 내 아들은 아직 한번도 "우리 집 가훈이 뭐예요?" 하고 나한테 물어본 적이 없는 걸로 봐서는 요즘은 학교에서 가훈쓰기 행사가 거의 사라진 듯하다. "꼭 필요한 사람이 되어라"라고 엄마가 알려준 대로 어김없이 늘 익숙하게 가훈을 잘도 써 내려갔던 나는 요즘 강의를 하면서 자주 이 가훈이 떠오르곤 한다. 과연 '꼭 필요한 사람'이 누구인가? 그럼 나는 '꼭 필요한 사람'이 맞는가? 하고 말이다. 그런데 가만히 생각해 보면 우리 모두가 당연히 사랑하는 가족에게는 누구나 필요한 사람이고 없어서는 안 될 소중한 사람이지, 그럼 필요하지 않은 사람이 세상천지 어디

단 한 명이라도 있겠느냐 말이지. 엄마가 말하는 우리 집 가훈 속 꼭 필요한 사람은 단지 있어야 될 사람이 아니라, 중요하고 가치 있는 사람이 되라는 뜻을 전하고 싶었던 거겠지.

최근 가치 있는 사람에 대한 고민이 깊어지면서 강사로 활동하고 있는 나의 어깨는 더욱 무거워지고 있음을 느낀다. 강사는 지식을 파는 사람. 내 강의를 듣는 청중으로 하여금 고개를 끄덕이고 박수를 쳐 주며 환한 웃음을 머금게 할 수 있을 만큼 지식의 양이 부족함은 없었는지, 전달과 표현에 있어서의 방법은 옳았는지, 깊이 있는 공감이나 가슴 따뜻한 감동은 줄 수 있었는지 고민하는 사이 조금씩 나 자신의 가치에 대해서도 생각해 볼 수 있는 시간이 가져진다. 같은 한 사람이라도 어느 장소에서는 별로 두각을 보이지 못하다가도 어느 특정 분야에서 아주 크게 인정받는 부분이 있다면 그 순간은 이 사람이 "꼭 필요한 사람"으로, 바로 "가치 있는 사람"으로 바뀌게 되는 것이다. 이것이 바로 우리가 숨어있는 우리의 재능을 꼭 찾아야 하는 이유다.

내가 그 순간 꼭 필요한 사람이 되기 위해서, 진정 반짝이는 사람이 되기 위해서 우리는 스스로 자신의 재능을 발견해야 하고 무한한 빛을 내기 위해 무던히 노력해야 하는 것이다. 배우가 살아있는 카리스마 눈빛 연기로 모든 관객의 시선을 제압할 때처럼, 가수가

명강사 **이미현**

목소리 하나로 듣는 이의 눈가를 촉촉이 적시는 것처럼, 다른 사람에게 인정받을 수 있는 높은 가치를 전해줄 때 그 사람의 진가가 나오는 것이다. 진정 값진 가치를 전달해 줄 수 있는 강사만이 바로 지식을 파는 강사로서의 자격이 있지 않을까 하는 생각을 조심스레 해본다. 나는 파티플래너 이면서 동시에 샌드아트 작가로도 활동하고 있고, 학교에서는 학생들에게 진로 멘토링 강사로 활동을 하고 있다.

울산에 살고 있는 나에게 어제는 강원도에 사는 59세 여성분이 상담을 신청해 왔다. 멀리서 오는 열정을 생각해 바쁜 시간을 쪼개 어떤 내용인지를 들어보니 자신이 배우

고 싶어 하는 샌드아트 아카데미를 찾아 7개월을 3~4시간 거리 경기도로 다녀가며 힘들게 배웠는데, 아무리 더 궁금한 것을 물어봐도 아직 실력이 안 된다며 더 이상의 방법을 알려주지 않아 속상해서 나를 찾아 온 것이었다. 파티플래너를 배우고 싶어 하는 분들도 멀리 타 지역에서 나를 찾아오기라도 하면 나는 꼭 시간을 쪼개서라도 내고, 샌드아트를 배우고 싶어서 학원에서 숙박을 해결해가며 열정을 불태우는 사람들의 노력이 대단해서 나는 내가 알고 있는 모든 지식을 진솔하게 그들과 자신 있게 나눈다. 한참을 듣다보니 강원도에서 울산까지 와서 나한테 하소연을 하는 데는 정말 그럴만한 요소들이 많이 느껴졌었다.

강사 본인이 유일한 사람이 되고 싶고, 다른 사람들과 경쟁하고 싶지 않아서인지 전문 강사에게 비싼 강사비를 주고 7개월의 과정을 이수한 사람이라고는 믿기 힘들 정도의 수준이었다. 내가 가르치는 학생들의 겨우 1달치 내용도 제대로 전달이 되어있지 않은 너무나 황당하기 짝이 없는 상황이었다. 아무리 실력의 개인차를 인정한다 하더라도 수업을 받는 학생들의 질문에 자꾸 다른 대답으로 둘러대는 강사는 내가 생각할 때 2가지 이유밖에 없다. 아직 실력이 부족해 올바른 답변을 해 줄 수 없는 내공이거나 혹은 경쟁자가 생기는 것이 싫어 중요한 것은 잘 안 가르쳐 주려하는 것이다.

질문에 충분한 답을 못 주는 부족한 실력의 강사도 문제지만, 정작 더 실망스러운 것은 사실 거의 대부분의 강사들은 후자의 경우가 더 많은 것 같아 같은 강사로서 부끄러울 때가 많다. 사실 나보다 경력이 더 많은 강사들도 내가 같은 강사로 활동하면서 너무 많은 정보를 상세하게 다 알려주면 상당히 나를 견제하거나 불편한 기색을 여실히 보이는 사람들이 적지 않다. 자신들이 어렵게 알게 된 노하우나 가치 있는 정보를 진솔하게 나눌 생각이 없다면 나는 단연코 교육을 하지 않아야 된다고 생각한다. 강사비를 받는다는 것은 내 머릿속의 지식을 판다는 것을 의미한다. 내가 알고 있는 모든 지식을 고스란히 다른 사람과 공유하지 않을 생각이면 강사로 활동하는 것을 나는 도시락을 싸가지고 다니면서 말리고 싶다. 고학력의 스펙 좋은 사람이 자신이 준비한 내용만 주제를 벗어나지 않는 선에서 두루뭉수리하게 전달하고 정해진 시간만 채워

명강사 **이미현**

강의를 하는 사람에게 청중들은 결코 감동하지 않을 것이다.

　내가 진정 궁금한 것들에 대한 강사의 생각, 정확한 지적, 올바른 의견 코칭을 자신 있게 해 줄 수 있어야만 전문 강사로서의 사명을 다 하는 것이 아닌가 생각된다. 몇 시간만 인터넷을 뒤지면 다 알 수 있는 얄팍한 정보 전달이 아니라, 자신의 값진 경험과 노하우가 담긴 알짜배기 지식을 자신 있게 전할 수 있는 내공이 있어야 목소리에 힘도 실리고 눈빛도 살아있는 강의를 할 수 있다.

　다른 사람들이 나보다 더 많이 잘 할까봐 걱정하지 않아도 된다. 그들로 인해 내 자리가 좁아질까봐, 내 책상이 없어질까봐 나누는 것을 두려워하는 강사들이 솔직히 내 주변에도  얼마나 많은가? 나는 내가 어렵고 힘들게 얻어낸 정말 귀한 정보일수록 더 정확히 강의를 듣는 사람들에게 잘 알려주려고 더욱 애를 쓴다. 내가 알고 있는 지식들 중에 정말 좋은 것들만 고르고 골라 잘 알려 주고나면 얼마나 뿌듯하고 기분이 상쾌한지 모른다. 그리고는 더 질 높은 강의 내용을 또 새롭게 채워나가기 위해 쉴 새 없이 배우고 다음을 준비한다.

　멀리 강원도에서 딸과 함께 나를 찾아왔던 수강생은 나처럼 좋은 강사를 이제라도 만나서 자신은 인복이 많은 사람이라며 활짝 웃는 밝은 표정으로 다시 먼 거리를 돌아갔다. 7개월 동안 강원도와 경기도를 오가면서 아무리 가르쳐달라고 물어봐도 자꾸 다른 말만 얼버무리며 제대로 가르쳐 주지 않아 속상했던 마음을 위로하며, 나는 밤이 깊도록 목이 쉬도록 속 시원히 내가 알고 있는 지식을 마음껏 나누었다. 내가 다른 사람보다 많이 알고 있고 자신있어 하는 분야인데 무엇이 그리 두렵고 걱정인지 나는 솔직히 이해가 안 간다.

내가 생각하는 지식을 파는 강사들은, 요리 레시피만 몰래 훔쳐 그대로 만들어 원조집 바로 옆에 비슷한 가게를 낼까 두려워하는 국밥집과는 좀 달라야 된다고 생각한다. 강사는 자신이 하고 싶은 이야기보다는 청중이 궁금해 하고 알고 싶어 하는 질문에 집중해야 한다. 진정 강의를 듣는 사람이 더 궁금해 하는 내용은 다 가르쳐 주고나면 다음이 없어 질까봐 불안한 마음에 자신의 지식을 온

전히 다 불사르지 못한다. 자신이 가진 지식을 전부 노출하고 나면 다른 사람들도 다 안다는 것이 두려워지고, 자신의 머릿속을 계속해서 끊임없이 채워나가는 것을 너무나 귀찮게 여긴다. 그래서 이미 알고 있는 자신의 한정된 지식들을 조금씩만 쪼개서 아껴 쓰려고 한다. 돈을 받고 지식을 파는 강사로서 너무나 자질이 부족한 사람들이

명강사 이미현

자꾸 많아지는 것 같아 나는 속으로 많이 안타깝다. 아낌없이 나의 지식을 퍼주는 것을 주변 지인들이 안타까워하는 경우도 있지만, 나는 이것이 가치 있는 지식을 파는 강서로서의 당연한 의무이자 뜨거운 사명감이라고 믿는다.

먼저 방법을 터득한 사람이 시행착오를 겪을 다음 사람을 위해 좀 더 유리하게 잘 길을 안내해 주는 것이 뭐가 그리 아까울까? 내가 알고 있는 지식을 전해 주는데 있어 강사비라는 보상을 충분히 받는데, 그리고 정말 값진 가치를 주셔서 감사하다는 진심어린 인사까지 받는데 뭐가 그리 억울하단 말인가? 다른 사람들은 다 잘 안 가르쳐 주려고 하던데, 선생님은 이렇게 다 방법을 가르쳐 주셔도 괜찮으세요? 라고 나한테 수강료를 지불하는 수강생마저 그런 말을 할 때가 가끔 있다. 그럼 나는 웃으면서 늘 이렇게 이야기 한다. 그 사람이 크게 성장했을 때, 배 안 아파하는 사람은 부모님과 선생님 밖에 없다고. 나는 나에게 배운 사람들이 나로 인해 발전하고 성공하는 것이 전혀 속상하지 않다. 이것이 강사라고 불리는 직업을 가진 사람들의 사명감이다.

내게서 지식을 사간 사람이 더 성장할 수 있기를 바라는 것이 진정한 강사의 바람 아니겠는가? 나는 오늘도 깊은 고민에 빠진다. 좋은 강사가 되기 위해서, 강의를 듣는 사람이 제일 궁금해 할 것이 무엇인가? 가장 값진 가치를 팔고 싶다. 나는 오랜 시간 파티플래너로 활동하였기에 나 자신이 아닌 다른 사람이 무대 위에서 반짝거리는 것에 전혀 질투를 느끼지 않는다. 주인공이 멋있게 빛날수록 그 자리를 만들어 준 사람은 얼마나 흐뭇한지 모른다.

샌드아티스트를 무대 위에 세우는 총 책임자인 나는 샌드아티스트가 관객들에게 최고로 멋진 박수를 받을 때 무대 뒤에서 더 큰 물개박수를 친다. 진로 멘토링 강의를 하면서 학생들에게 해주는 나의 조언들이 모두 정답일 수는 없지만, 내 주변의 다른 사람들의 나로 인해 크게 성장해 나가는 모습을 보는 것이 너무나 말로 설명할 수 없는 큰 선물이라 앞으로도 나는 내가 알고 있는 지식을 남기지 않고, 아끼지 않고, 자신 있게 눈 마주치며 다 알려주고 싶다. 비워지면 또 끊임없이 채워 넣어야 함을 게을리 하지 않으며 나 자신을 채찍질 할 수 있는 강사만이 명강사로서 인정받을 수 있으리라 생각한다. 주변에 긍정적인 영향력을 줄 수 있는 명강사의 사명감으로 오늘 밤도 늦은 시간까지 내일 강의를 정성껏 더 꼼꼼이 준비한다. 내 강의를 듣는 사람들이 진짜 나한테 궁금한 것이 무엇일까를 깊이 고민하면서 말이다.

우리 집 가훈 속 '꼭 필요한 사람'이 되기 위해서…
더 가치 있는 지식을 파는 의미 있는 강사가 되기 위해서…

한국파티문화협회 협회 (www.partykorea.or.kr)
파티전문회사 마귀할멈 이벤트 (www.maguievent.com)
모래요정 샌드아트 학원 (www.sandart.or.kr)

독서 119

이상헌 회장

Profile

- 주요 수상 경력 : 1995년 서민연합회 봉사대상 수상,
  2011년 제1회 대한민국 기록문화대상, 2012년 2011년을 빛낸 도전한국인 상
  (총 10명, 수상자 - 반기문 UN사무총장, 야구선수 박찬호 등)
- 2012년 대한민국 성공대상, 2012년 대한민국 독서CEO대상
- 성공인의 모임 "기쁨세상" PD (17년 째 운영중), "전국민 책쓰기 운동" 본부장
- 주요 저서 : <하루 5분 부자수업>, <하루 5분 인생수업>, <흥하는 말씨 망하는 말투>, <시집가는 딸에게>, <마지막 하루처럼 사랑하라> 등 약 170 여권

독서 119

베스트셀러 작가 **이 상 현**

명강사와 베스트셀러 작가는 저절로 만들어지지 않는다. 그들을 만든 이면에는 독서습관이 깃들어있다. 맹모삼천지교도 학습 환경을 바꿔주기 위해서다. 학생만 공부하는 것이 아니라 살아있는 동안 모두 배우고 깨우쳐야 한다.

01 밥 먹듯 책을 읽어라. 미래는 지식 시대다.
02. 독서는 값진 삶의 중심축이다. 뚜렷한 인생관과 가치관을 만든다.
03. 책 속에 길이 있다. 길을 두고 모로 가지 말라.
04. 한 세상 살려면 동기부여가 필요하다. 책은 동기부여의 왕이다.
05. 독서는 지식탐험이다.
    오지탐험은 어려움이지만 지식탐험은 즐거움이다.
06. 독서는 두뇌체조다.
    활력증강, 치매예방 장수만세의 세 마리 토끼를 잡는다.

07. 살다보면 해야 할 일과 아닌 일이 있다.
　　책은 바른 판단을 돕는 솔로몬이다.
08. 독서는 운명을 바꾸는 힘이다.
　　생각을 바꾸고 꿈을 바꾸며 행동을 바꾼다.
09. 독서인생 길에는 이정표가 없다. 책은 삶의 내비게이션이다.
10. 책은 구입가격에 비해 1천배가 넘는 가치가 있다.
　　자신 있게 투자하라.
11. 지식에 대한 가치는 갈수록 높아진다.
　　독서량과 성공은 정비례하는 것이다.
12. 콘서트 입장료는 10만원. 유명작가의 저서는 1만원. 선택은 자유다.
13. 전문가만이 살아남는다.
　　자기 분야의 책을 섭렵하여 최후의 생존자가 되라.
14. 모든 것은 때와 장소가 필요하다.
　　그러나 독서는 언제 어디서나 가능하다.
15. 책 읽는 목적을 분명히 하라.
　　목적없이 읽으면 수박 겉핥기가 된다.
16. 독서의 실용성을 체험하라. 그래야 지속적으로 읽을 수 있다.
17. 금쪽같은 시간이다. 이 시간을 다이아몬드로 바꾸는 것은 독서다.
18. 필요한 부분만 읽어도 된다.
　　식탁의 반찬을 전부 먹을 이유는 없다.
19. 부모가 무지하면 3대가 고생한다.
　　자녀에게 고생을 상속시키지 말라.
20. 독서는 평생을 책임지는 보장성 보험이다.
　　무보험 인생이 되지 말라.
21. 좋은 책은 좋은 언어습관을 만든다.

명강사 이상헌

     독서가 아니면 명강사는 탄생하지 못한다.
22. 중요한 부분은 밑 줄 치며 읽어라.
     나중에 다시 보면 큰 도움이 된다.
23. 메모 노트를 지니고 다녀라. 어디서나 메모가 효자노릇을 한다.
24. 인생에 있어 멘토는 반드시 필요하다. 책은 위대한 멘토다.
25. 위대한 사람에겐 그를 위대하게 만든 책이 있다.
     좋은 책을 만나라.
26. 자녀와 서점가는 날을 정하라. 자녀의 인생도 변하게 된다.
27. 값진 인연은 평생 간다. 책과의 인연이 최상의 인연이다.
28. 열정과 애정을 가져라. 그러면 책을 즐길 수 있다.
29. 책은 생각과 행동을 건전하게 만든다.
     문제 학생들에게 책을 읽혀라.
30. 사람들은 술 마시고 실수한다.
     그러나 책 읽고 실수하는 사람은 없다.
31. 화장실, 거실, 침실에 책을 놓아둬라.
     그때그때 읽으면 큰 도움이 된다.
32. 좋은 책을 읽고 나면 더 좋은 책을 찾게 된다.
     자신도 업그레이드 된다.
33. 독서는 감정을 순화시킨다.
     행복인으로 거듭나게 하는 것이 책이다.
34. 책을 가까이 하면 긍정인이 된다.
     긍정인에게서 사람의 향기가 난다.
35. 독서처럼 즐거운 오락은 없다.
     즐기는 동안에 값진 인생으로 변한다.
36. 배우자 선택은 중요하다. 그러나 좋은 책의 선택은 더욱 중요하다.

37. 책은 학교에서 가르쳐주지 않는 것까지 알려준다.
    책은 위대한 스승이다.
38. 독서인은 새로운 변화에 적응을 잘한다. 간접경험의 결과다.
39. 세상은 끊임없이 변한다. 책을 통해 생애설계를 새로 하라.
40. 리더가 되려면 책을 읽어라. TV에 빠져 살면 존경받지 못한다.
41. 힘 있다고 이기는 것이 아니다. 전술 전략은 머리에서 나온다.
42. 독서에 열을 올려라. 깊이 있는 지식과 정보가 내 것이 된다.
43. 배움처럼 맛있는 요리는 없다. 맛들이면 밤새는 줄 모른다.
44. 교육의 핵심은 고기를 주는 게 아니다.
    고기 잡는 법을 가르치는 거다.
45. 도둑은 재산을 훔쳐간다.
    어떤 도둑도 지식과 지혜는 손대지 못한다.
46. 세상에 가장 좋은 습관은 독서습관이다.
    바보온달도 장군으로 변신했다.
47. 위인의 삶을 그대로 복제하라.
    이병철, 정주영도 되고 이순신, 안중근도 된다.
48. 자녀에게 장난감보다 책을 사줘라. 책은 최상급 장난감이다.
49. 성장하지 않으면 퇴보한다.
    독서는 나를 영원히 성장시키는 촉진제다.
50. 돈만 생기면 서점에 가라. 서점은 최고의 투자처다.
51. 독서는 사고력과 창의력 발표력을 활성화 시킨다.
    독서의 힘은 엄청나다.
52. 어려움에 봉착하면 앞이 보이지 않는다.
    책은 앞길을 비춰주는 등불이다.
53. 날 때부터 무능한 사람이란 없다.

좋은 책은 바보도 천재로 만드는 힘이 있다.
54. 알아야 면장 한다. 지식 없이는 절대 실력을 쌓을 수 없다.
55. 어려서부터 책 읽는 습관을 길들여라. 놀라운 내공이 생겨난다.
56. 인생은 문제의 연속이다.
    독서량이 많으면 문제풀기의 달인이 된다.
57. 좋은 책은 주위 사람에게 권하라. 그것이 복 짓는 일이다.
58. 자녀와 책을 읽고 대화를 나눠라. 논술지도가 따로 없다.
59. 어릴 때 장난감은 기억 못하나 그 때 읽은 책 내용은 평생 간다.
60. 책 1권 읽은 사람과 10권 읽은 사람은 눈빛이 다르다.
    총명한 사람이 되라.
61. 깨어 있으려면 탐구하라. 생활 중에 최고의 생활이 탐구생활이다.
62. '하루도 책을 안 읽으면 입에 가시가 돋는다.'
    안중근의사의 옥중 휘호다.
63. 책을 많이 읽으면 지식과 지혜가 샘솟는다.
    위인들은 독서광이다.
64. 독서는 건강한 습관을 길들인다.
    자신을 변화시키려면 열심히 독서하라.
65. 애주가와 애독자는 수준차가 크다. 세월이 갈수록 극과 극이다.
66. 좋은 책은 수준을 높인다.
    좋은 책을 읽다 보면 더 좋은 책을 찾게 된다.
67. 책은 기분전환의 묘약이다.
    나쁜 감정을 좋은 감정으로 되돌려 준다.
68. 책을 많이 읽을수록 태도가 다르다. 산교육의 결과다.
69. 전 사원에게 책을 사서 읽히는 기업이 많다.
    수준을 높이기 위해서다.

70. 무지하면 구제되기 힘들다. 바보처럼 생을 마감하지 말라.
71. 좋은 책은 깊이 있는 인생을 만들어 준다.
    책을 든 손은 아름다운 손이다.
72. 중요한 부분은 소리 내어 읽어라.
    오래오래 기억창고에 저장된다.
73. 능력은 지식에서 출발한다. 독서인들은 능력자들이다.
74. 거울에 비친 자기만 보지 말라.
    책을 읽으면서 자신의 내면을 성찰하라.
75. 책을 읽는 눈은 초롱초롱 빛난다.
    지적호기심이 시신경에 변화를 일으킨다.
76. 처음부터 끝까지 의무감에 읽지 말라.
    골라가며 읽으면 재미가 쏠쏠하다.
77. 통독, 정독만이 독서가 아니다. 나만의 독서법을 개발하라.
78. 책읽기는 공부보다는 유쾌한 놀이다.
    즐겁게 읽으면서 머리를 식혀라
79. 책을 읽으며 나만의 이야기를 구상하라.
    작가수업이 절로 된다.
80. 독서클럽에 가입하라. 수준이 달라진다.
81. 경험 축적이 성공을 만든다.
    독서는 많은 경험을 일깨워주는 각성제다.
82. 독서는 사람을 새롭게 창조한다.
    자신이 몰랐던 부분까지 깨우쳐준다.
83. 끊임없이 익히고 배워라. 사고가 굳으면 생기와 탄력을 잃는다.
84. 좋은 책은 풍부한 감성이 품어 나온다.
    무한한 상상력이 넘치는 것이다.

85. 독서를 많이 하면 두뇌도 젊어진다.
   학자 중에는 100세가 넘도록 활동하는 이들이 많다
86. 책을 읽으면 돈이 되고 명성이 된다.
   책이 직업에 활용되기 때문이다.
87. 도서관에 몰려드는 사람을 보라.
   머지않은 시간 안에 승리의 깃발을 들게 된다.
88. 독서는 뇌세포를 활성화시킨다. 치매까지 예방된다.
89. 고기는 씹어야 맛이고 책은 읽어야 맛이다. 읽고 또 읽어라.
90. 하루를 즐기려면 좋은 음식을 먹어라.
   평생을 즐기려면 좋은 책을 벗삼아라.
91. 좋은 책을 일단 사놓아라. 언젠가는 효자 노릇한다.
92. 새로운 세계를 구경하려고 여행을 떠난다.
   독서는 무한한 세계 여행이다.
93. 보석도 갈고 닦아야 광채가 난다. 영혼의 양식도 무한 리필하라.
94. 독서는 하루하루를 알차게 가꿔준다. 인생역전이 가능하다.
95. 수박 겉핥기는 시간낭비다. 반복하여 읽어라.
96. 사람이 책을 만들고 책이 사람을 만든다.
   책을 떠난 삶은 삶이 아니다.
97. 좋은 책을 읽으면 영혼에 불이 켜진다.
   책을 통해 기적이 나타나는 것이다.
98. TV는 의존성을 만들지만 독서는 주도성을 키워준다.
   TV를 끄고 책을 펴라.
99. 독서의 달인이 되라. 박사 중에 최고는 만물박사다
100. 함께 책 읽는 가정은 행복한 가정이다. 온가족이 함께 읽어라.
101. 책은 상상력을 키운다. 어떤 학습보다 높은 효율을 만든다.

102. 집들이 갈 때는 휴지나 비누 대신 책을 선물하라.
    최고의 축복이다.
103. 소리 내어 독서하면 강의 능력이 향상된다. 명강사는 독서천재다.
104. 인류는 책과 함께 발전했다. 책을 통해 미래의 주역이 되라.
105. 가장 좋은 습관은 독서습관이다. 하루가 다르게 일취월장한다.
106. 사람은 죽는 순간까지 지식이 성장한다. 독서는 성장촉진제다.
107. 쇠뼈는 세 번 우려먹으면 끝이다.
    책은 열 번 백번 읽어도 매번 새롭다.
108. 노느니 염불하라. 자투리 시간만 책을 읽어도 인생이 변한다.
109. 독서의 힘이 세상을 움직인다. 독서의 달인이 되라.
110. 독서는 해박한 사람을 만든다. 모두가 지혜요 지식이다.
111. 무료하게 낭비되는 자투리 시간이 평생 25년이다.
    25년을 책과 벗해보라.
112. 한번 지난 인생은 돌이킬 수 없다. 독서를 통해 방향을 설정하라.
113. 돈 욕심은 패가망신의 기본이다. 책 욕심에 불을 붙여라.
114. 책 읽기 습관은 부모에게 배운다. 부모가 본보기가 되라.
115. 좋은 책을 읽으면 삼매경에 빠진다.
    독서를 통해 정신통일도 가능하다.
116. 책을 읽은 다음 독후감을 꼭 써라. 생각의 지평이 넓어진다.
117. 대뇌, 소뇌, 간뇌까지 개발하면 1권을 5분 내로 독파한다.
    도전하라.
118. 사람은 어느 세상에서나 배워야 한다.
    죽은 다음은 학생부군이다.
119. 많이 읽고 많이 보고 많이 써라.
    위대한 작가 명강사가 저절로 된다.

개헌 활동은 주권자로서의 사명

장원석 상임대표

Profile

- 헌법개정 국민주권회의 간사, 운영위원
- 단국대 공공인재대학 명예교수
- (전)대통령직속 농어촌특위 위원장 (부총리대우 장관급)
- (전)농업기술실용화재단(공공기관) CEO 이사장
- (전)대통령 정책기획위원, 국무총리 정책평가위원
- (전)기획재정부 FTA국내대책위 위원(13개부처 장관과 공동)
- (전)한나라당 국민공천배심원단(전략공천) 위원장

개헌 활동은 주권자로서의 사명

(사)국민성공시대 상임대표 **장 원 석**

 행복한 대한민국, 행복한 국민, 개인의 성공, 직장의 성공, 나라의 성공은 우리 모두가 사랑, 자비, 중용의 도(道)를 실천하고, 일을 천직과 소명(召命, Beruf, calling)과 사명(mission)으로 생각, 일이 고통의 대상이 아니라 즐거움의 대상이고 가치실현 자체로 삼는 데 있다.

운칠기삼(運七技三)이란 말이 있기는 하지만, 대부분의 성공한 사람들과 조직은 반드시 성공할 수밖에 없는 요인이 있고, 실패한 사람들이나 조직은 실패할 수밖에 없는 원인이 있다. 그리고 꿈과 희망을 갖고 끊임없이 도전하는 사람은 그렇지 않은 사람보다 성공확률이 높다.

필자 역시 이러한 생각으로 살아 온 결과, 비교적 성공하고 행복한 삶이었다고 생각된다. 최근엔 개헌활동을 열심히 하고 있다. 왜냐하면, 헌법은 국가와 국민의 성공조건으로부터 출발, 개인과 직장의 성공에 직간접적으로 영향을 미치기 때문이다.

특히, *"대한민국의 주권은 국민에게 있고, 모든 권력은 국민으로부터 나온다."* 는 헌법 제1조 2항에 명문화 되어 있는 바와 같이, 나라의 주인은 국민(主權在民)이므로 머슴인 정부 국회의 공직자에게만 맡겨서는 안 된다는 주권자로서의 사명감 때문이다.

역대 대통령 임기 4~5년차엔 모두 실패

'87년 이후, 지난 30년 동안 왜! 임기 말 4~5년 차엔 어김없이 레임덕과 부패 스캔들이 일어나는 것일까? 정치권은 왜! 선거만 끝나면 승자에 대해 승복하는 일 없이, 여야는 죽기 아니면 살기 식으로 물고 뜯는 동물국회가 되는 것일까?

명강사 **장원석**

어느 정치학자의 분류에 의하면, 유럽은 정치선진국, 미국과 일본은 정치중진국, 우리나라는 후진국 중의 후진국이라고 한다.

사실상 우리나라의 4류 정치는 기업을 쥐고 짜고, 힘 있는 기업은 정경유착으로 이익을 챙겨 왔다. 그리고 그 피해는 고스란히 국민에게 돌아 간다.

'국민성공시대', '국민행복시대'를 역대 정부가 부르짖었지만, 구조적으로 잘못된 법제도와 상당수의 부도덕한 정치권력 경제권력 검찰권력 기득권의 횡포와 이에 대한 저항 때문에, 행복지수는 매년 낮아지고 OECD국가 중 하위 그룹을 다투게 되었다.

국민이 성공하는 시대가 아니라 3포시대, 5포시대, N포시대라는 말이 난무한다. 연애 포기, 결혼 포기, 자녀 포기, 내집갖기 포기 등이 이 나라의 내일을 짊어질 젊은 세대의 슬픈 단상이다. 세계에서 자살율 1위, 노인 자살율 1위... 이 무슨 변고 중에 변고일까?

"제왕적 대통령제, 승자독식 구조"를 청산해야

이상의 여러 가지 문제에 대한 해결방안의 일단을 법제면에서 모색해 보면, 다음과 같다.

첫째, 고통을 나누면 반감되고, 기쁨을 나누면 배가 되듯이, 권력도 나누어야 공생, 상생, 공진(共進)의 토대가 된다.

경제발전 초기의 산업화시대엔 중앙집권적 개발독재가 가장 효율적이고 적실성이 있었지만 (우리나라의 경우, '60년대 박정희시대) 민주화의 단계를 넘어 3차 산업혁명과 4차 산업혁명이 진행되고, 직업의 종류가 3만개 이상이 되어 있는 현실에서, 이제는 "절대 권력은 절대 부패를 낳는다." 는 영국 액튼 경의 말이 현실화 되었다.

또한 절대 권력을 휘두르면, 몇년 못가서 저항에 부딪쳐 권력을 남용한 만큼 응징을 받는 것을 역사에서 너무나 많이 보아 왔다. 따라서, 절대 권력이 아닌 분권의 시대, 통치가 아닌 협치(協治, governance)의 시대, 일당독식이 아닌 다당 연정에 의한 합의제 민주주의, 즉 독일식 내각제

명강사 장원석

아니면 오스트리아식 분권형 대통령제 내용을 헌법에 명문화해야 한다. 그리고 대통령부터 국회의원 및 말단 행정 조직에 이르기까지 권력의 횡포가 자리 잡을 수 없도록 하위법인 관련 법률과 시스템을 철저히 개혁해야 한다.

분권과 협치의 분권형 대통령제가 바람직

혹자는 미국식 대통령제가 우리나라의 대통령제와 유사하지 않느냐고 하지만, 미국은 의회 중심과 자치 분권이 철저한 연방제이며, 3권 분립이 철저한 나라이다. 우리처럼 3권 분립이 안된 절대 권력의 "제왕적 대통령제"를 실시하는 나라는 민주공화국 중에서는 그 유례가 거의 없다.

내각제 내지 분권형 대통령제를 실시해야 하는 또 하나의 이유는 "승자독식" 구조를 해소하기 위해서이다.

예를 들어, 37%의 지지를 얻어 당선된 대통령이나, 30% 내지 40%를 얻은 제1당이 국가 권력을 독식하는 구조이다. 60% 내지 70%의 지지를 얻은 야당과 국민의 뜻은 아예 무시되는 구조이다. 1등만 성공하고 2등부터는 실패와 좌절의 세월을 보내야 한다. 따라서, 이제는 소수가 아닌 다수 국민의 뜻을 반영하기 위한 협치를 제도화해야 한다.

예를 들어, 독일과 오스트리아는 2차 대전 이후 70여 년 동안 40여 년 이상을 보수와 진보의 연정과 협치로 갈등을 최소화 하고, 정치는 권력투쟁이 아니라 국민을 위한 정책과 가치 경쟁의 장으로 자리 매김하였다.

우리나라처럼 별 볼일 없는, 또는 땅투기, 집투기, 위장전입, 부정부패 전력의 인물들이 지연 학연 혈연을 찾아, 줄 한번 잘 서거나, 우연히 만나 수첩에 이름 한번 올린 덕분에 장관 총리가 되는 일은 있을 수 없다. 그러니까 정치인은 우리처럼 혐오의 대상이 아니라 존경 내지 존중 받는 지도자다.

국민의 뜻을 반영, 협치를 제도화해야

독일의 메르켈 총리는 14명의 장관 중 6명이 자기 소속당 출신이고, 8명을 야당 출신으로 내각을 구성하여, 과반수 국민의 뜻을 반영하고 있다. UN사무총장 출신의 발트하임 오스트리아 대통령도 내각 구성을 합리적으로 하고 권력을

총리와 나누어 갖는 분권형 대통령제 덕분에 국민의 신뢰와 지지도가 높았다. 물론, 법과 제도가 모든 것을 해결해 주지는 못한다. 그러기에 국민 한사람 한사람이 주권자로서의 사명과 소명의식을 가져야 한다.

둘째, 헌법과 법률에 대한 국민발안제(people's initiative, Volksbegehren) 도입으로 직접 민주주의를 확대해야 한다.

아울러 정치 카르텔의 저항을 극복하고, 검찰 개혁, 경제권력 개혁 등을 위한 국민적 입법이 가능토록 해야 한다.

직접 민주주의 확대, 기본권 신장

셋째, 성(性) 평등, 어린이와 청소년, 노인, 장애인 등의 권리 보호, 생명권 정보권 등을 신설하여 기본권을 신장해야 한다.

넷째, 돈 선거가 판치고 4년 내내 조직 관리에 신경 쓰느라 국정과 입법에 집중할 수 없는 국회의원 선거법을 개혁해야 한다.

선진국들이 시행하고 있는 지역구 감축과 비례대표 확대, 투표와 의석의 비례성을 제고해야 한다.

다섯째, 보충성의 원칙 명문화, 자치권과 자치입법권 및 지방재정권 등을 강화하여 지방분권 자치제도를 선진화해야 한다.

요컨대, 선량한 사람도 정치권에 들어가면 이상해지는 현상, 유능한 사람도 정치권에 들어가면 수상해지는 현상은 개인의 품성(品性)과 인성(人性)에도 기인하지만, 근본적인 원인은 구조와 환경, 법과 제도가 이들로 하여금 권력의 유혹에 물들게 하고, 적응하지 않으면 살아남지 못하게 하는 측면이 있다.

"인간은 환경(UMWELT)의 지배를 받는다." - 막스 베버 -

P.S.: 이 글은 "나라 살리는 개헌의 목표와 비전"(2016)을 국민공감을 위하여 일부 가감 수정한 것임.

배움과 비움

정다겸 소장

Profile

- 사회복지학 박사 / 시인
- 한국웃음심리연구소 소장
- 사)청소년문화원 원장
- 해밀원격평생교육원 교강사
- 정다겸 시집 『무지개 웃음』외 다수

배움과 비움

한국웃음심리연구소 소장 **정 다 겸**

배움

풀이나 나무에 새로 돋아나는 싹을 가리켜 움이라 한다. 요즘 들어 이움은 철 지난 겨울에도 심심찮게 만난다. 그렇게 계절에도 변화의 바람이 불어오고 있다. 계절만 그런 것은 아니다. 요즘 도시농업이 붐을 이루고 있다. 상자 텃밭이 보급되는가 하면, 도시의 자투리 공간을 활용한 활발한 도시농업운동이 일고 있다. 주택 옥상을 활용한 텃밭 가꾸는 세대도 늘고 있다. 베란다에서 직접 심은 상추며 고추를 기르는가 하면 작은 골목길에 푸른 채소들이 어우러져 있는 모습도 보인다. 어떤 집은 아예 정원에 아름다운 꽃 대신, 보리, 토란, 배추, 가지, 오이 등이 차지하고 있기도 하다.

지금의 도시 대부분은 우리 어머니 세대, 할머니 세대에 보통 농사짓는 사람들이 많은 농촌이었다. 전에 살았던 아파트 역시 논 위에 세워졌고, 지금 사는 아파트는 산을 깎아 세워졌다. 예부터 '농자천하지대본'이라 했다. 대한민국은 농경 국가로 농사를 천하의 근본으로 여겼다. 필자가 즐겨 부르는 시조창 중에 작자 미상인 '어화청춘 소년들'이란 사설시조가 있다. 청소년들이여, 내 말 좀 들어보소, 허송세월하지 말고 성현과 문장가를 본받아 열심히 농사 짓고 글 읽는 생활을 하라는 내용이 들어 있다. 낮에 열심히 일해야 입에 풀칠을 겨우 할 정도로 가난했던 시절이 있었고, 그렇지만 밤에 잠을 쪼개어 호롱불에서 아버지는 새끼를 꼬고, 어머니는 바느질을 하고, 자녀들을 글을 읽는 시절은 먼 옛날이야기가 아니다.

'못 먹고 못 입어도 자식들은 학교를 보내 훌륭하게 키우리라'는 부모님들의 바람대로 한국의 교육 열풍은 대단했다. 필자는 부모님이 베풀어주는 따뜻한 사랑을 오래도록 누리지 못했다. 70년대 말 아버지는 후두암으로 인해 사흘이 멀다 하고 서울에 있는 원자력병원에 다니셨고, 점점 가사는 기울어갔다. 그리고 80년대 초 새언니가 갑작스레 세상과 이별하게 되고 그 충격으로 1주일 이내 아버지마저 하늘나라로 가셨다. 내 밑으로 초등학생 동생이 세 명 있었고 2살, 2달 된 어린 핏덩이 조카까지 하면 5명이었다. 오빠는 농약까지 먹으며 자살을 시도했고, 한참 예민한 사춘기인 나는 까칠한 투정은커녕 책임감이란 무게가 짓누르고 있었다. 엄마가 나에게 해 줄 수 있는 것은 매우 제한적이라기보다 극한적 상황이

명강사 정다겸

되어 버렸다. 스스로 내 길은 내가 개척해야 했다. 인생의 답을 스스로에게 묻고 찾아갔다.

해와 달과 별은 나의 친구가 되었다. 아침을 노래하는 새들도, 저녁을 아름답게 물들이는 노을도 모두 나의 벗이 되었다. 아니 길에 쓸모없어 사람들에게 밟히는 잡초마저도 나의 동무가 되
었다. 어릴 때부터 즐겼던 그림은 가정의 지원이 점점 줄어가면서 물거품처럼 사라져가고 있었다. 점점 작아진 세상을 벗어나고 싶었는가? 홀로 큰 세상과 마주했다. 그렇지만 배움의 끈은 끝내 놓지 않았다. 하루를 쪼개고 또 쪼개가면서 태권도장도 다닐 정도로 배움의 종류도 가리지 않았다. 늘 자신의 자리에서 최선의 방법을 찾아가면서 앞으로 조금씩 나아갔다.

많은 사람은 보통 한 번에 한 가지 일을 한다. 할 일은 많고 시간은 제한적인 관계로 필자는 동시에 여러 일을 하였다. 듣고, 보고, 먹고, 쓰고 등 그렇지 않으면 정글 같은 세상을 혼자 헤쳐 나가는 것이 힘이 들 수 있기 때문이다. 결혼하고 아이를 낳고 자녀가 성인이 된 지금까지도 배움은 현재 진행형이다. 아리스토텔레스는 말한다. '교육은 노후를 위한 최상의 양식이라고' 이제 나에게도 노후는 찾아올 것이다. 작년에 하늘의 뜻을 아는 나이 '지천명'을 보냈다. 나에게 주어진 사명을 다시금 생각해 보는 계기가 되었다.

2016년 가을 정다겸 시집 『무지개 웃음』이 세상에 나왔다. 시인의 말에서 필자는 다음과 같이 말하고 있다.

> 2016년 내 나이 딱 반백년이다.
> 하늘의 뜻을 아는 나이.
> 서로가 서로에게 기대고 내어주는
> 가족의 소중함을 아느냐고 한다.
> 너의 웃음은 웃음이 필요한 사람들의 것이라고 한다.
> 받는 사랑에 머물지 말고 주는 사랑의 기쁨을 맛보라고 한다.
> 살아 있느냐?
> 바람이어라,
> 구름이어라,
> 꽃을 피우는 아름다움이어라.
> 다른 사람의 가슴에도 귀 기울여 보아라.
> 따스한 이야기가 있으리라.
> 포근한 평안이 부르리라.
> 설렘이 주는 아름다운 미소를 가지리라.
> 다른 사람과 더불어 행복한 웃음꽃을 피우리라.

필자는 그동안 많은 것을 배우고 익혔다. 지금도 배우고 때로 익히는 것을 기쁨으로 받아들이고 실천하고 있지만, 배운 것 중에 사회복지, 심리학, 웃음치료, 시조창, 사진 등은 많은 사람들에게 기쁨과 즐거움을 나누어 주고 있다.

명강사 **정다겸**

비움

사랑이 어느 날 나에게 들어왔다. 그 사랑을 혼자만 독차지한다면 세상은 존재가 불가능해진다. 예수의 사랑, 부모의 사랑, 선생님의 사랑, 친구의 사랑, 동료의 사랑, 이웃의 사랑이 있기에 아직도 사회는 살만한 세상이 되는 것이다. 자기애로 온통 채운다면 다른 사람은 나에게 들어올 수 없듯이, 배움에서 멎는다면 과부하로 팽창되어 자신을 죽이는 결과를 초래할 것이다. '날씬한 몸매를 원한다면 배고픈 사람들에게 음식을 나눠주라'라는 오드리 헵번의 유언처럼 나눔은 유익으로 다가온다.

내게 있는 것 중 하나는 밝은 웃음이다.

"선생님은 어쩜 그리 밝으세요? 덩달아 기분이 좋아져요. 함께 있으면 편안해져요. 보기만 해도 웃음이 나와요. 미소가 예뻐요." 등등 말을 듣는다. 이는 웃음에 대한 칭찬이다. 화가 머문 자리는 불편하고, 짜증이 나고, 피하고 싶으나 웃음이 있는 자리는 꽃자리가 된다. 사진은 빛이 전혀 없이는 만들어 질 수 없다. 또한 100% 빛만 가득해도 안 된다. 사진은 빛과 어두움의 조화로운 관계 속에서 만들어지는 그림이라 할 수 있다. 우리 삶은 웃음으로만 채울 수도 화로만 채울 수도 없다. 화를 다스리는 마음을 통해 균형 잡힌 삶을 지속할 수 있고, 밝은 웃음을 통해 유쾌하고 명랑한 마음을 나누면서 살아가는 것이다.

사진기를 들고 사람의 얼굴을 찍는 그 순간의 감정을 카메라에 담는다. 그리고 되도록 행복한 순간을 끌어 올린다. 사진 찍히는 사람을 거울이라고 생각하며 '거울은 스스로 웃지 않는다.'라는 것을 되뇌며 내 안의 행복을 길어 올린다. 내 마음이 웃을 때 상대도 웃음을 보인다. 우리의 감정은 시시각각으로 변한다. 두 세 컷을 찍는 사이에도 미묘한 감정이 나타난다. 사진 속의 나를 만날 때 밉게 나온 사진을 환영하는 이는 없을 것이다. 어떻게 하면 좀 더 자연스럽게 나올까? 더 예쁘게 나올까? 더 날씬하게 나올까? 더 멋있게 찍힐까? 나름 고민할 수는 있겠다.

사진으로 들어간다는 것은 나를 비우는 일이다.

입체적인 내가 평면적인 나로, 160cm, 170cm인 몸이 보통 10cm 내외인 나로, 자유롭게 움직이는 나에서 전혀 스스로 꼼짝할 수 없는 나로 말이다. 비우는 고통을 감내하는 데 힘을 주는 것은 웃음이다. 사진 속에서 웃고 있는 나는 행복하다. 그 어떤 역경 속에서라도 늘 행복과 함께 한다.

그러나 웃음이 떠난 사진 속에선 행복도 머물 자리가 없다. 많은 사람의 얼굴을 찍으면서 미(美)와 추(醜)가 함께 보인다. 온전한 미만 가진 사람은 아무도 없다. 또 온전한 추만 가지고 있는 사람도 없다. 순간 미를 불러들이고, 미를 끌어 올리고, 추를 걷어내는 작업을 통해 좀 더 아름다운 나로 만들어진다.

명강사 정다겸

아름다운 모습의 1등 공신은 웃음이다.
웃음도 자신을 비우는 행위이다.
낮아지는 행위이다. 사랑의 말이다.

웃음친구 만나고 하루하루가 즐겁다.
화가 있던 자리에 친절이 들어오고
미움이 있던 자리에 사랑이 들어오고
욕심이 있던 자리에 나눔이 들어왔다.
웃음이 나에게 들어온 날
난 또 다른 누군가의 좋은 친구가 되었다.

- 정다겸시집 무지개 웃음의 「잘 웃는 사람은」부분

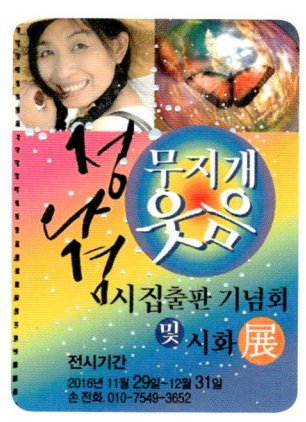

웃음은 내 옆자리를 내어주는 일이다. 2-1≠1 아니다. 웃음 친구를 만나고 삶은 변화되고 있다. 바람직하고 긍정적인 바람이 일고 있다.

배움과 비움

언제나 배우는 사람이 되기 위해서는 마음 밭을 계속 키워야 한다.

작은 마음으로는 더 받아들일 곳이 없으므로 배우려는 마음 또한 생기지 않는다. 배움은 한 순간에 머물러 있지 않다. 유아기에서 노년기에 이르기까지 평생을 배우면서 살아간다. 급변하는 현실에서는 배움에도 부지런해야 한다. 그렇지 않으면 한발 두발 늦어 현 시대의 흐름에 따라가기가 힘겨워진다. 가르침을 주는 사람도, 배우는 사람도 함께 배움의 길에 서 있다. 배운다는 것은 나 외의 상대가 있으므로 가능해진다.

행함이 없는 배움은 열매 없는 나무와 같고, 죽은 씨앗과도 같다.

우리가 늘 장을 비우고 살아가듯, 알게 모르게 들어온 헛된 욕심은 비우는 훈련이 필요하다. 먹은 것이 없는 사람은 비울 것이 없듯, 채운 것이 없는 사람은 비울 것이 없다. 채움은 살아 있음을 뜻한다. 먼 길을 떠나기 위해 자동차에 연료를 채워야 한다. 채우지 않고 어찌 도로를 달릴 수 있단 말인가? 살아간다는 것은 배움과 채움 그리고 비움의 연속이다. 나는 오늘도 살다가 생긴 생활 쓰레기를 버리듯, 내 몸의 찌꺼기를 비워낸다. 썩고 상한 마음도 도려낸다. 늘 배움의 길에 서 있다. 배움이라는 연료를 가득 채워 먼 길을 떠난다. 사람들의 입에서 '아'라는 감탄사가 나온다. '아' 감탄사는 배움과 비움의 즐거운 시소놀이다. 오늘도 나는 나에게 주어진 배움과 비움의 길을 걷고 있다.

안전은 사랑입니다.

정상근 소장

Profile

- 현)정HR교육연구소 소장 / 현)대한민국 명강사27호
- 현)사단법인 국민성공시대 안전문화홍보대사
- 현)사단법인 한국강사협회 상임이사(조직운영위원장)
- 현)한국멘토교육협회 천사멘토추진위원장 / 현)(사)대한산업안전협회 자문교수
- 현)중소기업인력개발원 전문교수 / 현)한국능률협회 전문위원
- 대한민국 대표강사 33인 선정-(사)국민성공시대 (2010~2016년 7년 연속)
- 삼성, LG그룹, 현대중공업, 포스코 외 600여 기업 4920여 회 출강

안전은 사랑입니다.

정(情)이 넘치는 바른(正)사회 만들기
정HR교육연구소 소장 **정 상 근**

　안전이 중요하다는 것은 우리 국민 모두 모르는 사람은 없을 것이다. 그런데도 이러한 대형사고는 왜 계속 발생하는 것일까? 누구의 잘못인가? 아님 어쩔 수 없는 것일까? 우리는 이러한 문제를 스스로 자문해 볼 필요가 있다. 우리나라 사람들은 사고가 나면 안전 불감증으로 인한 인재라는 표현을 많이 쓴다. 또한 외국은 사고에 대한 대처가 잘 되는데 우리나라는 잘 안된다고들 한다. 그러면 안전과 관련하여 정책이나 제도만 잘 갖추어져 있다고 대형 사고를 예방할 수 있을까? 물론 중요하겠지만 더 중요한 무언가가 빠져 있다.

아직도 우리나라 국민들은 안전을 다른 사람이 해주기를 바라고 있는지도 모른다. '누군가 볼 때만 지키지는 않는지?', '하라고 해서 형식적으로 하는 것은 아닌지?' 나 스스로 안전을 얼마나 실천하고 있는가를 스스로 반성해 보아야 한다. 지구상의 모든 생물들은 환경에 적응하려는 본성을 갖고 있다. 하지만 적응을 하지 못하는 생물은 결국 자연 도태되어 사라지고, 환경의 변화에 맞추어 진화한 생물만이 살아남게 된다.

각종 지표상으로는 조금씩 개선되고 있지만, 우리가 체감하기에 전반적인 안전 수준은 크게 나아지지 않고 있는 게 사실이다. 이 답보상태를 넘어서 한 단계 도약하기 위해서는 현장의 발목을 붙잡고 있는 보이지 않는 끈을 과감하게 잘라야 한다. 그 끈은 바로 '불안전한 행동', '빨리빨리 문화', '설마 하는 요행주의', '적당주의' 등이다.

아직도 많은 경영진과 근로자들이 상기의 요소들이 성공을 담보하는 배경이라고 믿고 있다. 안전하지 않더라도 빨리빨리 그리고 적당히 작업을 해서 생산성을 높이고 물건만 많이 파는 것이 성공을 향한 지름길이라고 생각하는 것이다. 상당히 시대착오적인 발상이 아닐 수 없다.

안전을 조금 무시해도 묵과를 해주던 시대는 더 이상 존재하지 않는다. 우리가 사는 현재는 안전을 소홀히 해서는 절대 성공할 수가

명강사 정상근

없는 세상이다. 폭스바겐, 옥시 등의 사태가 이를 증명한다. 안전을 무시한 대가는 혹독했고 그들은 잠시나마 취했던 이득의 수 백 배를 다시 토해내야 했다. 게다가 감히 돈으로는 값을 매길 수 없는 소비자의 신뢰마저 잃었다.

이는 단지 경영진과 회사에 해당되는 문제가 아니다. 근로자도 마찬가지다. '과거에 이렇게 작업해도 아무 문제가 없었는데', '조금 위험하긴 해도 이게 더 빠른 작업 방법인데' 등의 잘못된 관성에 함몰되어 불안전한 행동을 하는 근로자가 여전히 많다. 이는 도박과 다를 바 없다. '이렇게 작업을 하면 사고가 날 위험이 있는데, 그동안 나지 않았으니 안전하다'는 논리는 결코 있을 수 없다. 100번의 작업 중 99번 사고가 없었어도, 단 1번 사고가 나면 그것으로 근로자는 소중한 목숨을 잃을 수도 있고 평생 장애를 안고 살 수도 있다. 절대 확률에 안전을 내맡겨서는 안 된다.

여느 선진국과 비교해 봐도 우리나라의 안전정책, 법령 등의 제도적 기반은 결코 뒤처지지 않는다. 안전기법, 안전장치·설비 등 기술적인 부분에서도 상당한 수준에 올라와 있다. 이제 '불안전한 행동방식', '빨리빨리 문화', '설마 하는 요행주의', '적당주의' 등만 끊어내면 된다. 이 임계점을 넘어서는 순간, 우리나라는 안전 선진국에 다다를 수 있다.

목표가 확실하고 이에 닿을 수 있는 방법과 길도 정해져 있다. 분명 어렵지 않다. 그저 참여하고자 하는 의지와, 변화고자 하는 의지만 있으면 된다. 한 명, 두 명, 세 명 등 점점 더 많은 사람들이 한마음으로 안전을 중시해나간다면, 어느 순간 우리 모두는 안전문화의 일부가 되어 있는 자신과 사회를 발견할 수 있을 것이다.

얼마 전 모 방송 뉴스에서는 성수대교 붕괴 20주년 소식과 함께 모 기관에서 조사한 대한민국 국민들의 안전 의식 점수가 발표 되었다. "대한민국 국민들의 안전 의식 점수는 100점 만점에 17점"이었다. 17점.... 이대로는 안 되겠다. 이제 국민 모두가 무엇을 하든지 안전을 제일로 여기는 새로운 각오가 필요할 때이다.

안전은 사랑입니다.

나는 안전이 얼마나 소중한 것인가를 깨닫게 해준 부끄러운 안전사고가 있었다. '펑'하는 굉음과 함께 내 주변은 불바다가 되었고 온몸에 불이 붙고 있었다. 순식간의 일이었다. 가스 폭발 사고였다. 잠깐 동안 안전을 생각하지 못한 일로 엄청난 고통의 시간은 시작되었다. 29년 전 일이다. 당시 나는 꿈과 희망을 안고 대기업에 입사하여 열심히 일하는 신입사원이었다. 사고로 온몸에 화상을 입고 19개월이라는 시간동안 여러 차례

명강사 정상근

죽을 고비를 넘겨가며 화상 치료를 받았다. 그토록 심한 고통 속에서 나는 새로운 결심을 하게 되었다. '내가 만약에 살아난다면 나처럼 잠깐의 부주의로 되돌릴 수 없는 아픔을 당하는 사람들이 생기지 않도록 하는 일에 내가 앞장서자!'고 말이다. 치료를 마친 후 회사로 복귀할 때 나는 자원하여 안전관리 업무를 맡았다. 그리고 미친 듯이 현장에서 안전을 외치고 다녔다. 그 결과 많은 분들의 도움으로 성공적인 안전관리 업무를 수행해 '무재해 목표시간 15배 달성'이란 놀라울만한 성과를 이뤄냈고, 전국산업안전보건대회에서는 대통령 단체표창을 수상하기도 했다. 수상식장에서 '나는 이제 대한민국의 안전을 위해 일하기'로 결심하고. 회사를 퇴직한 후 안전교육 강사로 활동하고 있다.

'정(情)이 넘치는 바른(正)사회 만들기' 즉, '사랑이 넘치는 안전한 나라 만들기'가 나의 큰 소망이다. 그 소망을 담아 18년째 4920여 회 강의를 해왔다. 전국의 안전교육 현장에서 "안전은 사랑입니다."를 외치고 다니고 있다.

안전을 자기사랑의 마음으로 실천하자.

우리나라에서는 한 해 동안 각종사고로 40여만 명의 부상자와 1만여 명 이상의 사망자가 발생하고 있고, 지금 이 시간에도 사고가 끊임없이 일어나고 있다. 만약 내가 잠깐 동안 안전을 생각하지 못해 안전사고를 당한다면 얼마나 끔찍한 불행으로 빠져 들게 되는지 생각해야한다. 손가락 하나, 발가락 하나라도 스페어(여벌)로 가지고 있는 사람은 없을 것이다. 아직도 많은 사람들이 아차하는 사이에 일어난 안전사고로 인해 평생을 후회하며 살아가게 된다. 꿈과 목표를 가지고 살아가는 사람이라면 안전부터 실천해야한다. 누구도 내 안전을 대신 책임져줄 사람은 없다. 내가 나를 지켜주는 마음, 자기사랑의 마음으로 안전을 실천해야한다.

안전을 가족 사랑의 마음으로 실천하자.

사고가 나면 당사자뿐만 아니라 가족들이 함께 고통을 받는다는 것이다. 진정 자녀를 사랑하는 마음으로 안전을 실천해야 한다. 아내를 사랑하는 마음으로 안전해야 한다. 부모님들께 효도 하는 마음으로 안전해야 한다. 내 가족들을 든든한 울타리가 되어 지켜 준다는 마음으로 안전을 실천해야한다. 만약 내가 안전사고가 당하게 된다면 자녀들의 뒷바라지는 누가 해줄 것인가? 뒷바라지를 못해 주는 것보다 더 심각한 것은 내가 가족들에게 짐이 될 수 있다는 사실이다. 울타리가 되어야할 부모로써 사고로 중증 장애인이 되거나 부상을 당하게 된다면 가족들에게 짐이 될 수 있는 것이다. 가족들을 사랑하는 마음으로 안전을 실천해야한다.

안전을 회사사랑(안전경영)의 마음으로 실천하자.

안전사고는 많은 기업의 경영에 치명적인 문제가 되고 있다.

안전사고, 화재사고를 통해 경영 위기를 맞은 많은 기업들을 우리 주변에서 볼 수 있다. 안전사고로 인해 발생되는 직접비용(사업주 배상책임, 공공비용, 임금손실, 추가보상비용, 사고수습비용, 복구비용 등)과 간접비용(근로자 사기저하, 작업-생산중단비용, 납기지연 추가비용, 작업효율성의 저하, 기업 신뢰도 저하 등)은 기업경영의 악화를 초래할 수 있다. 나의 일터를 사랑하는 마음으로 안전을 실천해야한다. 나의 일터는 내가 지킨다는 마음으로 안전해야 하는 것이다. 자기 회사의 기업 신뢰도를 위해서도 안전해야한다. 단 한건의 사고로 기업 신뢰도가 무너져 고객들이 불신하고 외면하는 회사가 된다면 경영적인 측면에서 얼마나 큰 타격이 될 것인가를 생각하며 "안전경영"의 마음을 가지고 일할 수 있어야 한다.

나라사랑의 마음으로 안전을 실천하자.

대한민국에서는 매년 산업재해로 인해 19조 원이 손실되고 있다. 모 일간지에 소개 되었던 내용을 보면 "안전이 곧 국익"이라는 1면 톱기사에 1년에 대한민국에서는 31조 원의 재해비용이 발생 한다고 한다. 이는 대한민국의 1년 국방 예산과 맞먹는 금액이라고 하니 엄청난 금액임에 틀림이 없을 것이다 이 나라에서 안전사고가 발생하지 않는다면 많은 사람들이 피 흘리며 부상을 당하는 것을 막을 수 있고, 많은 사망자를 없앨 수 있을 뿐만 아니라 국방 예산과 맞먹는 비용이 새어 나가는 것을 막을 수 있는 것이다. 대한민국!! 안전한 나라만 되어도 지금보다 더 잘사는 나라가 될 수 있을 것이라고 나는 강력히 주장 한다.

나는 매번 강의를 마무리 하면서 안전의 정의를 이렇게 내리고 있다. *"안전(安全)은 각자가 가지고 있는 편안한 상태(작은 행복)들을 온전하게, 계속해서 지켜 나가는 것이다."* 그렇다. 행복한 내일을 만들겠다고 열심히 적금을 물어 나가고, 열심히 일하면 무엇 하겠는가? 내가 나의 안전을 지키지 못해 안전사고로 중증 장애인이 되고, 목숨을 잃게 된다면 돈이 무슨 소용이 있겠는가?

세살버릇 여든까지 간다고들 한다. 그만큼 올바른 습관이 중요하다. 모든 일을 하기 전 안전점검의 습관이야 말로 귀중한 생명을 보호하고 행복한 나라의 초석을 만들 수 있다고 생각한다. 우리나라 구석구석에서 안전점검 습관화 문화가 정착되는 날 비로소 안전한 일터, 건강한 근로자, 행복한 대한민국이 실현 될 것이다.

안전은 분명 사랑입니다!

사람을 사랑하는 기본적인 사명감

정쾌남 대표이사

Profile

- (주)미소 대표이사
- 미가에르후 대표
- 국정일보 총무국장
- 경찰일보 사회부취재부장
- KBC국정방송(주)공동대표
- 사람을 살리는 기업이되자 강좌

사람을 사랑하는 기본적인 사명감

(주)미소 대표이사 **정 쾌 남**

어릴 적부터

하는 행동이 말을 잘하고 남들보다 튀는 행동과 나서길 좋아해서 저의 별명이 아나운서 정쾌남으로 동네어르신들과 친구들이 별명을 붙여준 것을 보면 남들이 본 나와 내가 나를 본 내적인 꿈이 일치 했던 것 같다.

소풍을 가거나 전교생이 다모인 운동장에서 단상에 올라가 리더 하는 것을 좋아하고 쾌감을 느끼곤 했다.

경험자와 경력자

강사가 강의를 하는 것은 판에 잘 짜여진 지식을 가르치는 것은 아니라고 생각한다. 공부와는 완전히 다른 경험이 교과서이고 경력자가 명강사라고 이름을 붙이고 싶다.

어릴 적 잠재 속에 남을 막연하게 가르치는 선생님이 꿈이었지만 나의 운명은 순탄하게 꿈을 향해서 가지를 못했고 또 그랬기에 많은 경험이 풍부한 스토리와 에피소드로 청중을 감동으로 방향을 제시하고 청중의 마음을 치유할 수 있는 강사로 일을 하며 보람을 찾고 있다.

배워서 남주기

복합적이고 다양한 방면에서 강사의 자질을 갖추기 위해 이미지메이킹을 배우고 스피치메이킹을 배워 이 또한 가르칠 수 있는 자질과 품격도 함께 갖추어 국민의 의식을 향상시킬 수 있다고 생각하여 고대평생교육원 글로벌 이미지메이킹·스피치메이킹과를 개강한다는 지인의 말씀을 듣고 가슴이 벅차올랐다.

말만 잘하는 강사보다는 품격과 품위로 이미지를 보여주면 나로 인해 많은 국민이 품격 있는 국민으로 이끌어 낼 것을 생각하니 설레었던 것이다.

다행히 강나경교수님의 탁월하고 글로벌한 지식을 풀어놓으실 때 너무나 감사했고 또 스펀지처럼 흡수하여 멋진 강사로 거듭날 수 있도록 적극 추천해주신 KBC국정방송, 경찰일보, 국정일보 발행인 권봉길대표님께 감사함을 이글을 통해 표현하고 싶다.

실버세대의 사춘기

100세 시대를 겨냥하여 실버세대의 과거 척박한 환경에서 진정한 자아를 찾지 못하고 바쁜 현실에 자녀들도 돌보지 못하는 쓸쓸한 현실감과 존재감으로 우울증을 앓고 있는 실버세대를 당당하게 살아갈 수 있도록 웃음과 건강 상식으로 긍정적인 의식을 갖게 해주는 강사로서의 사명감으로 뿌듯함을 느낄 때가 많다.

사람을 사랑하는 기본적인 사명감

인연에는 보이지 않지만 분명히 조건이 있다. 그래서 연결되어지거나 혹은 끊어지는 인연에는 유형이던 무형이던 서로간의 관계가 되어야 되는 것이다.

매일 저의 강의를 듣고자 찾아오는 여러분들의 얘기를 들어보면 무엇인지 모르게 중독성이 있다며 강의를 듣지 않으면 허전하고 오면 행복해진다는 청중 가운데 한분의 얘기를 듣고 곰곰이 생각을 해 보면 그것은 유형의 도구가 아니라 무형의 보이지 않는 정보와 사랑으로 청중의 혼을 성장시키는 것이 아닌가 판단해볼 때 강사는 물질보다 마음을 담은 순수한 사랑의 표현이 더욱더 강조되어야 될 것이다.

저는 누가 잘한다, 누가 못한다는 것을 나누지는 않으려 합니다. 강사는 자신이 부족한 점을 보완해가려는 노력이 뒤따라야 하는 직업이라는 것만을 강조하고자 합니다.

그리고 저 또한 타산지석의 마음가짐으로 좀 더 나은 강사가 되기 위해 노력하도록 하겠습니다.

또, 새로운 인재 발굴과 양성에 함께 힘써서 누구나 강사의 꿈을

명강사 정쾌남

이루는데 작은 보탬이 되고자 사명감을 가지며 이글을 읽은 분들이 강사가 되고 싶다면 아래의 내용에 포함이 되는지 한번 검토해 보고 모두가 그렇다면 지금부터  라도 누구나 명강사가 될 수 있다고 생각한다.

나는 내가 경험하는 일상을 다른 사람에게 소개하는 것을 좋아한다.
나는 스피치나 프레젠테이션 할 때 자신 있게 말하는 편이다.
나는 말하고자 하는 핵심을 요령 있게 전달하는 편이다.
나는 스피치 할 때 청중의 눈높이에 맞추려고 하는 편이다.
나는 결과에 확실히 책임지는 성향을 갖고 있다.
나는 책 읽기를 좋아한다.

체크하셨다면 본인의 내면을 끌어내기 위해 열정과 확신으로 노력하시기 바랍니다.

강사라는 직업은 바이러스를 전파하는 직업이라고 생각한다.

그날 강사가 신바람 나게 강의를 이끌어 가면 청중도 신나는 세상으로 느껴지고 그날 강사가 우울한 강의를 하면 즐거운 마음도 우울하게 만들어 버릴 수 있는 것이다.

강사는 언제나 혼의 순수함으로 해야 명강사이고 감정의 파장으로 진행하는 것은 아마츄어적인 것이고 자질이 없다고 생각한다. 언제나 연마하고 다스려 가장 깨끗하고 흔들림 없는 사람이 되어야 한다고 생각하여 나는 새벽에 일어나 와칭하는 수련에도 전념을 하는 편이다.

무심함으로 사물을 바라보며 누구보다 더 사랑으로 대상을 바라볼 때 행동과 눈빛으로 강의를 할 때 관중과 청중은 변해갈 수 있다고 생각한다.

강사는 사명감이 없으면 많은 관중을 변화시킬 수 없다.

가장 중심이 되고 가장 모범적이고 가장 프로다운 에너지를 분출하여 말 잘하는 강사보다는 가슴을 열고 들어가 치유사라고 이름이 붙여지길 나는 바란다.

강사는 불우한 이웃도 도와야~
남을 도울 때 이기심과 욕심을

명강사 **정쾌남**

한 번씩 내려놓을 수 있다.
매년 불우이웃을 돕는 일도
소홀히 여겨서는 안 된다.
주는 것이 받는 것이다라고 생각한다.

13년간 한 번도 빠지지 않고
실천을 해 보지만
해도 해도 만족이 되질 않고
내어주어도 자꾸만 채워지는
이상야릇법칙이
바로 불우이웃돕기인 듯하다.

아름다운 세상 만드는 일이다.
영혼이 살이 찌는 일이다.
많은 분들이 함께 동참할 수 있었으면 좋겠다.

아~~ 행복하다 즐겁다 만족스럽다.

   강사라는 것은 수술실에서 집도하는 의사보다 맥을 짚는 한의사보다 더 훌륭한 치유를 말로 하는 멋진 사람을 살리는 직업이 바로 강사다라고 생각하여 나는 지금도 열심히 사람을 사랑하는 비우는 일에 집중한다.

나를 사랑할 줄 알아야 남도 사랑한다.
그래서 철저히 나를 사랑하며 나누어 줄 것이다.

나는 매년 불우이웃돕기 실천을 한다. 그래서 부자가 아닌 가난한 강사이고 싶다. 하지만 나의 마음 안에는 수많은 사람들의 눈빛이 들어와 있고 격려와 응원의 메시지가 가득 차 있어 부자인 강사다.

참으로 행복하고 즐겁고 사랑스런 나의 직업을 만족하며 많은 인재도 발굴하고 육성하는 일에도 소홀하지 않을 것이고 또한 그들 역시 사람을 살리는 직업의식으로 성장시킬 것을 다짐하며 이 글을 마무리 할까합니다. 사랑합니다. 끝.

명강사의 비전

한한국 세계평화작가

Profile

- 한국을 빛낸 자랑스런 한국인 선정
- 세계평화작가(UN 세계평화지도 창시자)
- 연변대 예술대학 객좌교수, 세계평화사랑연맹 이사장
- 문화체육관광부 최우수 선정작가(567돌 한글날)
- 한글세계평화지도 명인, 한국기록원 원장
- 조선대학교 정책대학원 초빙교수(역임)
- 민주평화통일자문회의 상임위원(16기)

명강사의 비전

세계평화작가 **한 한 국**

명강사는 자신만의 브랜드가 있어야한다.

　명강사는 인격과 소양을 갖춘 사람으로서 국가와 사회발전에 기여하겠다는 신념과 비전을 갖고 강단에 서야한다. 특히 명강사는 실제 자신이 체험한 경험담과 귀감이 되는 실제이야기들을 중심으로 '도움'이 될 수 있는 것을 눈높이 맞게 '지혜'를 나누고, 감명(感銘)을 주고, 관점(觀點)을 공감하며, 무엇보다 여운(餘韻)을 주는 강연이 중요하다. 이밖에도 변화와 실천을 유도할 수 있어야 하고, 스피커 강사로 좋은 피드백을 받는 것도 중요하지만 인격과 실력이 조화를 이뤄 청중(聽衆)들에게 진정으로 존경을 받을 수 있는 사람이 진정한 명강사다. 그런 의미에서 세계평화작가 한한국의 비전은 세종대왕의 창조정신을 이어받아 한글을 바탕으로 한반도의

평화통일과 세계평화를 이루고하고자 24년 8,700여일에 걸쳐 인류최초의 세계평화지도(World Peace Map), 대한민국 평화·화합의 지도, 희망대한민국지도, 한반도평화지도(우리는 하나)를 창작해 전 세계에 전달함으로써 실제 경험담을 통해 '한글로 평화'를 말하고 있다.

Vision1.
UN본부 22개 국가대표부에는 최초의 한글로 완성한 세계평화지도(World Peace Map)가 영구 소장되어 있다.

한글로 완성한 '세계평화지도' World Peace Map는 지구상 유일한 분단국가 한국에서 세계유일하게 세계평화와 한반도의 평화통일, 동서화합을 염원하기 위해 한한국 세계평화작가가 1993년부터 24년째 8,300일 동안 약200만자의 한글 6종의 서체와 영어, 중국어, 아랍어 문자를 새롭게 개발 디자인해 2m80cm, 2m의 크기로 세계의 역사와 문화, 평화의 시를 세필붓글씨로 기록하여 국가별 나라의 지도를 형상화한 작품들을 말한다. 1㎝ 크기밖에 되지 않는 글자임에도 중복되는 단어가 없다. 서예와 그림, 지도를 접목한 창조적인 융합작품인 셈이다. 현재까지 세계 36개국가 평화의 지도 작품들을 완성시켰으며, 그 중 22점은 세계평화를 염원하기 위해 유엔본부 22국가 대표부에 소장 전시되어 있다.

Vision2.
세계 유일한 '세계평화지도' 작품에 한글을 선택

제가 한글을 재료로 선택한 것은 한글이 가장 한국적인 정신을 담은 글자라고 생각한다. 초성, 중성, 종성의 조화는 화합을 의미하기 때문에 평화통일의 염원을 담기에도 제격이다. 세종대왕께서 한글을 창제한 의미는 '화합'이다. 자음과 모음이 만나서 만들어지는 유일한 소리 문자다. 화합 역시 혼자만 있어서 되는 게 아니다. 두셋 이상이 모여 만들어지는 것이 화합이다. 자음과 모음이 만나서 조화를 이루어 내는 것처럼 제 작품도 한글 한자 한자가 모여 수만 자가 모여 세계평화지도를 만들어 낸다. 그래서 우리의 한글을 선택했다.

Vision3.
역사상 최초 '대한민국 평화·화합의 지도'작품을 전국에 기증릴레이

대한민국의 평화와 동서화합을 진정 기원하는 뜻에서 97년부터 2003년까지 6년을 걸쳐 1cm세필 붓글씨 13만 8천자로 가로 1m 80cm, 세로 2m70cm 크기의 '대한민국 평화·화합의 지도'를 완성했다. 작품내용은 각계각층의 평화, 동서화합, 우리는 하나, 희망, 나라사랑에 관한 글과 전국 각도의 애향심이 담긴 시를 담았으며, 2002년 경기도청을 시작으로 경북도청, 강원도청, 제주특별자치도청,

전남도청 순으로 조건 없이 우리나라 각 도청에 기증 전달했다.

vision4.
뉴욕 맨해튼에서 가장 큰 '한반도 평화지도 대작'을 전시

뉴욕평화특별전은 세계 속에 한국의 문화와 한글을 알리고 한반도 평화를 알리기 위해 뉴욕한국문화원 주최와 문화체육관광부 후원으로 열게 되었다. 7m크기의 세계에서 가장 큰 '한반도 평화지도 대작'을 세계예술의 중심지인 뉴욕 맨해튼에서 한국인의 인내와 끈기로 지구상 유일한 분단국가의 평화를 기원하는 대표적인 예술작품을 선보였다는 찬사를 받았으며, 뉴욕한국문화원 설립이후 100년 만에 처음으로 대통령부인 김윤옥 여사께서 특별전을 관람하실 정도로 세계의 큰 화제를 모으면서 성공리에 마쳤다.

Vision5.
한국인이 최초의 4년의 걸쳐, 중국의 평화지도를 완성

중국은 동북아의 평화와 세계평화에 있어서 대단히 중요한 국가이고, 무엇보다 한반도 평화통일을 위해서 韓.中 양국의 평화발전이 중요하다고 생각했다. 그래서 2009년 중화인민공화국 60년을 기념하여 4년에 걸쳐, 한글 수만 자로 중국의 문화와 역사에 관한 글, 공자, 맹자, 노자의 평화사상에 관한 글을 담아 가로 7m, 높이 4m80cm크기에 대형 특수한지를 제작하여 중국역사상 최초의

명강사 **한한국**

초대형 중국평화지도 대작을 완성했다. 한국 사람으로서 보람을 느끼고, 많은 분들이 격려를 해 주셔서 요즘 정말 기분이 좋다. 이례적인 언론보도로 지금도 중국인들이 중국평화지도를 보러 김포 작업실을 자주 방문하고 있다.

Vision6.
남북분단이후 최초로 한반도평화지도(우리는 하나) 대작을 1원에 북한에 전달

한반도 평화통일을 위해 5년 동안 매일 잠을 2시간 정도밖엔 청할 수 없을 정도로 많은 시간을 할애한 작품이다. '우리는 하나' 작품 왼쪽 상단엔 붉은 색으로 '평화도'라는 글자가 쓰여 있는데 이는 작업 당시 무릎에서 흘러나온 피를 인주에 섞어 하나하나 찍은 말 그대로 피와 혼이 결합한 작품이다. 저의 염원이 통한 것일까! 이 대작은 2008년도 4월 뉴욕한국문화원에서 발표를 하게 되었다. 통일부 대북반출승인서에는 반드시 작품가격을 기재하게 되어 있는데 북측에서 어떤 조건이냐고 물어왔을 때 "저는 조건이 없는 것이 조건이다." 저의 평소 소신대로 1원에 대북반출승인서에 기재하여 기증하게 되었다. 그때 당시 북한 문화성으로부터 '평화통일을 염원하여 작품을 창작완성하고 세계평화보장에 기여'한 공로로 감사서한(인수증)을 받아 통일부에서 문서 보관하고 있다. 2009년도에 북한 묘향산 국제친선전람관에 분단 이후 민간 작가로선 최초로 작품이 걸리는 쾌거를 이루었다.

Vision7.
G20정상회의국회특별전,
G20국회의장회의특별전' 초청작가

그 당시 16년 전, 지구상 유일한 분단국가의 한 작가로서의 사명감으로 평화를 염원한 세계지도에 1cm한글붓글씨로 각국의 문화와 역사, 평화메시지를 담아'세계평화지도'를 그리기 시작했다. 간절한 염원이 하늘에 닿았는지. 2010년 G20정상회의가 대한민국에서 열리게 되었고, G20정상회의 국가지도를 모두 완성하는 기적을 만들었다. 이 깊은 뜻을 이해하고 G20정상회의준비위원회와 국회, 문화체육관광부, 외교통상부, 국가브랜드위원회 후원으로 국회에서 성공개최기원 특별전을 성황리에 마쳤다. 훌륭하고 소중한 우리의 한글의 가치를 세계적으로 알리고 문화강국으로서의 자긍심을 높이는 계기를 마련하였다는 찬사를 받았다. 그래서 G20작가라는 또 하나의 칭호를 받게 되었다.

Vision8.
헌정사상 최초,
제헌헌법 全文으로 '희망대한민국'대작 완성

'희망 대한민국을 위해 이 작품을 완성하고 죽어야겠다'라는 마음으로 만든 '희망 대한민국'작품이다. 1948년 7월 17일에 제정된 이후 이제까지 자구(字句) 하나 바뀐 것 없어 '최장수 법'으로

명강사 한한국

대한민국이 정체성을 확립하는 동시에 세계로 나가기를 바라는 마음에서 제헌 헌법 전문을 선택했다. 높이 7m크기의 한지에 함경북도부터 제주도까지 가로 세로 각각 1cm의 한글로 빼곡하게  채웠다. 특히 남, 북한이 유일하게 지역명이 '강원도'로 통일이 되어 있어 강원도지도에 붉은색과 푸른색의 태극 모양을 인주로 수만 번을 수인으로 찍어 동해에서 통일의 해가 뜨는 모습을 나타냈다. 이 대작은 5년 만인 지난 2009년에 작품이 완성됐으며, 이 대작은 2010.G20정상회의 국회특별전과 2011.G20국회의장회의국회특별전에 특별 전시된 바 있다. 또한 2011년 7월 17일 제헌절을 맞아 예술가 최초로 '희망대한민국 원형백자'로 제작되어 현재 국회헌정기념관에 영구소장 전시되어 있다.

유인촌 前)문화체육부장관은 2008년 4월 '한한국뉴욕평화특별전' 도록 인사말에서 "한한국 평화작가는 우리의 문화를 전 세계에 알리기 위해 지난해 16년의 걸쳐, 100만자로 구성된 한글세계평화지도를 UN본부 21개국 기념관에 기증하여 영구소장 되어 21개국 대표부로부터 역사적인 친필 '세계평화지도증서'를 받아 세계적인 국가기록유산을 남겨 명실 공히 한국이 나은 세계적인 예술가로서 대한민국의위상과 브랜드가치를 높이고 있다"고 평가했다.

또한 프랑스와 데스쿠엣 前)주한 프랑스대사는 "한한국 작가의 작품은 신비롭고 경이로우며, 예술성으로 볼 때 한국의 리갈이다."고 평가 했으며, UN 이스라엘대사는 "한한국 작가는 지구상 유일한 분단국가의 세계평화 사랑으로 세계 대, 소국가를 떠나 일류의 평화사랑이 담긴 아름다운 세계평화지도를 계속해서 완성해 나가시길 바라고, 중동평화에도 기여해 달라."는 내용의 친서를 보내왔다. 뿐만 아니라 前)주한중국대사 청융화(程永華)대사는 "한한국 선생의 중국평화지도 대작은 인내와 끈기 정성으로 완성된 땀의 결정체이고, 중국의 가장 의미 있고 역사적인 곳에 소장되어 중국의 대동단결과 평화와 소수민족의 대화합을 상징하는 작품으로써 의미 있는 계기가 될 것"이라고 말했다.

24년이 흘러 한한국(韓韓國)의 비전은 어떤 결과를 가져왔는가하면 세계 유일하게 세계평화 작가라는 타이틀을 얻었고, 어느덧 UN 22개국이 인정하고 중국의 관영 일간지 인민일보 해외판 4개면과 신화사(新華社), CCTV, 중동 걸프타임스 등 세계 주요언론에 대서특필 될 정도로 평화로 세계를 감동시키는 세계평화작가로 국제사회의 주목을 받고 있다.

2017年 대한민국 명강사 22人

명강사의 사명(使命)

편　　저 : 사단법인 국민성공시대
발 행 인 : 황대영
발 행 처 : 도서출판 성공시대
　　　　　TEL : (02) 554-9027
신고번호 : 제 2017-000046 호
발 행 일 : 2017년 6월 24일

ISBN 978-89-94089-25-6
가격 15,000원

【주식회사 성공시대】
강의 기획부터 출판,
교육 컨설팅 사업을 합니다.
TEL : 02 - 554 - 9027